初高中数学衔接教程研究
（试用版）

钱江　杜锐○主　编
胡士军○副主编

吉林人民出版社

图书在版编目（CIP）数据

新起点：初高中数学衔接教程研究：试用版 / 钱江，杜锐主编. — 长春：吉林人民出版社，2019.10

ISBN 978-7-206-16474-3

Ⅰ.①新… Ⅱ.①钱… ②杜… Ⅲ.①中学数学课—教学研究 Ⅳ.①G633.602

中国版本图书馆CIP数据核字（2019）第240310号

新起点——初高中数学衔接教程研究：试用版
XINQIDIAN CHUGAOZHONG SHUXUE XIANJIE JIAOCHENG YANJIU SHIYONGBAN

主　　编：钱　江　杜　锐　　　封面设计：姜　龙

责任编辑：门雄甲

助理编辑：崔剑昆

吉林人民出版社出版发行（长春市人民大街7548号　　邮政编码：130022）

咨询电话：0431-85378009

印　　刷：北京虎彩文化传播有限公司

开　　本：787mm×1092mm　　　1/16

印　　张：13.5　　　　　　字　　数：243千字

标准书号：ISBN 978-7-206-16474-3

版　　次：2022年6月第1版　　印　　次：2022年6月第1次印刷

定　　价：45.00元

编 委 会

初、高中数学知识衔接的必要性

古人云："一年之计在于春，一日之计在于晨。"一个高中学生三年的成长发展，不论是数学知识的获得，个性的陶冶，还是思维水平、数学能力的提高，都遵循这样一个规律——"三年发展看高一，高一关键在一（上）"。"好的开头等于成功的一半。"打好高一的基础至关重要。高一上学期，特别是一（上）的前半学期，是实现从初中学习到高中学习的"转轨期"。这个"轨"转得顺不顺，好不好，对于能否顺利适应高中三年数学学习特别关键。不少刚升入高中的同学，由于初三升学考试压力的解除，到了高中觉得一切新鲜，不了解高中数学学习的规律和特点，盲目性很大。许多小学、初中数学学科成绩的佼佼者，进入高中阶段，往往有不少同学不能适应数学学习，第一个跟斗就栽在数学上，进而影响到学习的积极性，对数学存在畏惧心理。出现这样的情况，原因很多。除了学习态度问题，主要是由于学生不了解高中数学教学内容特点与自身学习方法有问题等因素所造成的。在此结合高中数学教学内容的特点，谈一下高中数学学习方法，供同学参考。

1. 数学语言更抽象

初中的数学主要是以形象、通俗的语言方式进行表达。而高一数学一下子就触及非常抽象的集合语言、逻辑运算语言、函数语言、图像语言等。

2. 思维方法更理性

初中阶段，很多老师为学生将各种题建立了统一的思维模式，如解分式方程分几步，因式分解先看什么，再看什么等。因此，初中学习中习惯于这种机械的、便于操作的定势方式，而高中数学在思维形式上产生了很大的变化，数学语言的抽象化对思维能力提出了高要求。这种能力要求的突变使很多高一新生感到不适应，必须提前做好衔接。

3. 知识内容的整体数量剧增

高中数学与初中数学又一个明显的不同是知识内容的"量"上急剧增加了，单位时间内接受知识信息的量与初中相比增加了许多，辅助练习、消化的课时相应地减少了，提前做好衔接，适应节奏。

4. 知识的独立性大

初中知识的系统性是较严谨的，给我们学习带来了很大的方便。因为它便于记忆，又适合于知识的提取和使用。但高中的数学却不同了，它是由几块相对独立的知识拼合而成［如高一有集合、命题、不等式、函数的性质（定义域、值域、解析式、单调性、奇偶性、周期性图像）、进一步研究指数和对数函数、指数和对数函数、三角函数、数列等］，经常是一个知识点刚学得有点入门，马上又有新的知识出现。因此，注意它们内部的小系统和各系统之间的联系成了学习时必须花力气的着力点。

我们携手初高中衔接班的学习，为即将到来的新挑战奠定良好的基础！

编 者

目录
CONTENTS

第一章

代数式及其恒等变形

我们把实数和代数式简称为数与式。代数式中有整式（多项式、单项式）、分式、根式。它们具有实数的属性，可以进行运算。代数式运算是初高中的主要运算形式，也是高中学生出错的根源，熟练掌握相关内容，对学习高中数学能起到事半功倍的作用。本章涉及"绝对值""乘法公式与因式分解""根式与分式"。

第一节　绝对值及其基本性质

一、知识回顾与梳理

（1）绝对值的定义：在数轴上，一个数所对应的点与原点的距离叫作该数的绝对值。

（2）绝对值的代数意义：正数的绝对值是它的本身，负数的绝对值是它的相反数，零的绝对值仍是零。即

$$|a| = \begin{cases} a, & a > 0 \\ 0, & a = 0 \\ -a, & a < 0 \end{cases}.$$

（3）两个数差的绝对值的几何意义：$|a-b|$ 表示在数轴上，数 a 和数 b 对应两点之间的距离。

（4）负数的绝对值：两个负数比较大小，绝对值大的反而小。

（5）常见绝对值不等式：$|x| < a$ $(a > 0)$ $\Leftrightarrow -a < x < a$；$|x| > a$ $(a > 0)$ $\Leftrightarrow x < -a$ 或 $x > a$.

二、方法与技巧

零点分段法去绝对值。

对于含绝对值的函数，我们经常用到的一种方法是零点分段去绝对值符号，零点分段法的一般步骤：①找零点→②定分类讨论标准→③定符号→④去绝对值符号。

三、典例剖析

例1：若 $|a-4| = -|b+2|$，则 $a+b=$ _____.

【回顾与反思】

绝对值具有非负性，即若 $|a|+|b|+|c|=0$，则必有 $a=0$，$b=0$，$c=0$.

跟踪训练1：$(a+b)^2 + |b-2| = 0$，$a=$ _____；$b=$ _____.

例2：已知 $abc \neq 0$，且 $M = \dfrac{|a|}{a} + \dfrac{|b|}{b} + \dfrac{|c|}{c}$，当 a、b、c 取不同值时，M 有 _____ 种不同可能。

当 a、b、c 都是正数时，$M=$ _____；

当 a、b、c 中有一个负数时，则 $M=$ _____；

当 a、b、c 中有2个负数时，则 $M=$ _____；

当 a、b、c 都是负数时，$M=$ _____.

【回顾与反思】

含绝对值的综合问题，综合性强，注意分类讨论去绝对值符号转化成熟悉的结构。

跟踪训练2：

（1）已知 a、b、c 是非零整数，且 $a+b+c=0$，求 $\dfrac{a}{|a|} + \dfrac{b}{|b|} + \dfrac{c}{|c|} + \dfrac{abc}{|abc|}$

的值。

(2) 已知 $|x| = 5$，$|y| = 2$，且 $xy > 0$，则 $x - y$ 的值等于(　　).

A. 7 或 -7　　　　B. 7 或 3　　　　C. 3 或 -3　　　　D. -7 或 -3

例 3：阅读下列材料并解决相关问题。

我们知道 $|x| = \begin{cases} x, & x > 0 \\ 0, & x = 0 \\ -x, & x < 0 \end{cases}$，现在我们可以用这一结论来化简含有绝对值的

代数式，如化简代数式 $|x+1| + |x-2|$ 时，可令 $x+1 = 0$ 和 $x-2 = 0$，分别求得 $x = -1$，$x = 2$（称 -1、2 分别为 $|x+1|$ 与 $|x-2|$ 的零点值），在有理数范围内，零点值 $x = -1$ 和 $x = 2$ 可将全体有理数分成不重复且不易遗漏的如下 3 种情况：

(1) 当 $x \leqslant -1$ 时，原式 $= -(x+1) - (x-2) = -2x + 1$；

(2) 当 $-1 < x < 2$ 时，原式 $= (x+1) - (x-2) = 3$；

(3) 当 $x \geqslant 2$ 时，原式 $= (x+1) + (x-2) = 2x - 1$.

综上讨论，原式 $|x+1| + |x-2| = \begin{cases} -2x+1, & x \leqslant -1 \\ 3, & -1 < x < 2 \\ 2x-1, & x \geqslant 2 \end{cases}$.

通过阅读上面的文字，请你解决下列的问题：

(1) 分别求出 $|x+2|$ 和 $|x-4|$ 的零点值；

(2) 化简代数式 $|x+2| + |x-4|$.

【回顾与反思】

先零点分段讨论去绝对值符号，将每段转化成熟悉的一次函数或二次函数。

注意：绝对值前有负号，去绝对值后要加括号。如当 $x < 4$ 时，$-|x-4| = -(4-x)$.

跟踪训练3：化简函数 $y = |x-1| + 2|x-2|$.

例4：（1）画出函数 $y = |x-1|$ 的图像。

（2）画出函数 $y = -x^2 + 2|x| + 3$ 的图像。

【回顾与反思】

绝对值函数，要抓关键点，借助绝对值的定义，零点分段，$y = |x-1|$ 还可以考虑该图像可由 $y = |x|$ 的图像向右平移一个单位得到。

跟踪训练4：（1）画出 $y = |x-2|$ 的图像。

（2）画出 $y = 2|x|$ 的图像。

（3）画出函数 $y = |x^2 - 3x + 2|$ 的图像。

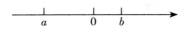

专 项 训 练

一、选择题

1. 若 $|a| + a = 0$，那么 a 一定是（　　）.

A. 正数　　　　　B. 负数　　　　　C. 非正数　　　　　D. 非负数

2. 已知 a、b 在数轴上对应的点如下图所示，下列结论正确的是（　　）.

$$\begin{array}{c} \longrightarrow \\ a \quad\quad 0 \quad\quad b \end{array}$$

A. $a > b$　　　　　　　　　　　　B. $|a| < |b|$

C. $-a < -b$　　　　　　　　　　　D. $a < -b$

3. $-\dfrac{3}{4}$、$-\dfrac{5}{6}$、$-\dfrac{7}{8}$ 的大小顺序是(　　).

A. $-\dfrac{7}{8}<-\dfrac{5}{6}<-\dfrac{3}{4}$　　　　　　B. $-\dfrac{7}{8}<-\dfrac{3}{4}<-\dfrac{5}{6}$

C. $-\dfrac{5}{6}<-\dfrac{7}{8}<-\dfrac{3}{4}$　　　　　　D. $-\dfrac{3}{4}<-\dfrac{7}{8}<-\dfrac{5}{6}$

4. 若 $\sqrt{(a-1)^2}+\sqrt{a^2}=1-2a$，则 $|1-a|-|a|=($　　$)$.

A. $1-2a$　　　　　　　　　　　　B. 1

C. -1　　　　　　　　　　　　　D. 以上答案都不对

5. 若 $a+b<0$，$ab<0$，则下列说法正确的是(　　).

A. a、b 同号

B. a、b 异号且负数的绝对值较大

C. a、b 异号且正数的绝对值较大

D. 以上均有可能

二、填空题

6. $|x-2|+|2y-1|=5$，$x=4$，则 $y=$ ＿＿＿＿.

7. （1）化简 $|3.14-\pi|=$ ＿＿＿＿.

（2）计算：$\left|\dfrac{1}{3}-\dfrac{1}{2}\right|+\left|\dfrac{1}{4}-\dfrac{1}{3}\right|+\left|\dfrac{1}{5}-\dfrac{1}{4}\right|+\cdots+\left|\dfrac{1}{2000}-\dfrac{1}{1999}\right|=$ ＿＿＿＿.

8. 已知 $-4\leqslant x<2$，化简 $2|x-2|-|x+4|$ 的结果是 ＿＿＿＿.

三、解答题

9. 化简代数式 $|x+5|+|2x-3|$.

10. 画出 $y=|2x+3|$ 的图像。

11. 化简 $|x+1| + |x+2|$ ，并画出 $y = |x+1| + |x+2|$ 的图像。

12. 画出 $y = |-x^2 + 2x + 3|$ 的图像。

参考答案

典例剖析及跟踪训练答案

例 1：

解：$|a-4| = -|b+2| \Rightarrow |a-4| + |b+2| = 0 \Rightarrow a = 4$，$b = -2$，所以 $a + b = 2$.

跟踪训练 1：

解：利用绝对值和平方的非负性得 $a = -2$，$b = 2$.

例 2：

4；3，1，−1，−3.

跟踪训练 2：

（1）解：由于 $a+b+c=0$，且 a、b、c 是非零整数，则 a、b、c 一正二负或一负二正，

① 当 a、b、c 一正二负时，不妨设 $a>0$，$b<0$，$c<0$，原式 $= 1-1-1+1 = 0$；

② 当 a、b、c 一负二正时，不妨设 $a<0$，$b>0$，$c>0$，原式 $= -1+1+1-1 = 0$.

所以原式 $=0$.

（2）解：由于 $xy>0$，故 $x=5$，$y=2$ 或者 $x=-5$，$y=-2$，所以 $x-y=3$

或 -3，选 C.

例 3：

（1）解：令 $x+2=0$，解得 $x=-2$，所以 $x=-2$ 是 $|x+2|$ 的零点值，令 $x-4=0$，解得 $x=4$，所以 $x=4$ 是 $|x-4|$ 的零点值。

（2）解：① 当 $x\leqslant -2$ 时，原式 $=-(x+2)-(x-4)=-2x+2$；

② 当 $-2<x<4$，原式 $=(x+2)-(x-4)=6$；

③ 当 $x\geqslant 4$，原式 $=(x+2)+(x-4)=2x-2$．

综上讨论，原式 $|x+2|+|x-4|=\begin{cases}-2x+2, & x\leqslant -2 \\ 6, & -2<x<4 \\ 2x-2, & x\geqslant 4\end{cases}$．

跟踪训练 3：

解：（1）当 $x\leqslant 1$ 时，$y=-(x-1)-2(x-2)=5-3x$；

（2）当 $1<x<2$ 时，$y=(x-1)-2(x-2)=3-x$；

（3）当 $x\geqslant 2$ 时，$y=(x-1)+2(x-2)=3x-5$．

综上讨论，原式 $y=\begin{cases}5-3x, & x\leqslant 1 \\ 3-x, & 1<x<2 \\ 3x-5, & x\geqslant 2\end{cases}$．

例 4：

解：（1）① 关键点是 $x=1$，此点又称为零点。

② 接着是去绝对值，$x\leqslant 1$ 时，$y=1-x$；当 $x>1$ 时，$y=x-1$．

③ 图像如下图所示。

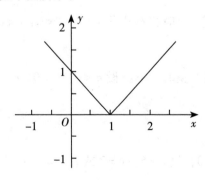

（2）① 关键点是 $x=0$，此点又称为零点。

② 接着是去绝对值，$x \geqslant 0$ 时，$y=-x^2+2x+3$；当 $x<0$ 时，$y=-x^2-2x+3$.

③ 图像如下图所示。

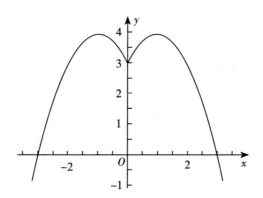

跟踪训练 4：

解：（1）

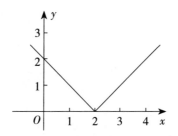

（2）

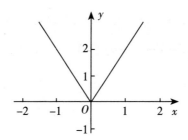

（3）① $x^2-3x+2=0 \Rightarrow (x-2)(x-1)=0$，解得 $x=1$ 和 $x=2$；关键点是 $x=1$ 和 $x=2$.

②接着是去绝对值，$x \leqslant 1$ 时，$y = x^2 - 3x + 2$；当 $1 < x < 2$ 时，$y = -x^2 + 3x - 2$；当 $x \geqslant 2$ 时，$y = x^2 - 3x + 2$.

图像如下图所示。

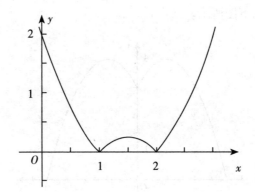

专项训练参考答案

一、选择题

1. 答案：C

2. 答案：D

3. 答案：A

解析：两个负数比较大小，绝对值大的反而小。

4. 答案：B

解析：因为 $\sqrt{(a-1)^2} + \sqrt{a^2} = |a-1| + |a| = 1 - 2a$，得 $a < 0$，

所以 $|1-a| - |a| = 1 - a - (-a) = 1$.

5. 答案：B

二、填空题

6. 答案：-1 或 2

解析：$\because |2y-1| = 3$，得 $2y - 1 = \pm 3$，

$\therefore y = -1$ 或 2.

7. 答案（1）$\pi - 3.14$

（2）$\dfrac{999}{2000}$

解析：因为 $\dfrac{1}{2} > \dfrac{1}{3} > \dfrac{1}{4} \cdots > \dfrac{1}{1999} > \dfrac{1}{2000}$，

所以原式 $= \left(\dfrac{1}{2} - \dfrac{1}{3} \right) + \left(\dfrac{1}{3} - \dfrac{1}{4} \right) + \cdots + \left(\dfrac{1}{1999} - \dfrac{1}{2000} \right) = \dfrac{1}{2} - \dfrac{1}{2000} = \dfrac{999}{2000}$.

8. 答案：$-3x$

三、解答题

9. 解：$y = \begin{cases} -3x - 2, & x \leqslant -5 \\ 8 - x, & -5 < x < \dfrac{3}{2} \\ 3x + 2, & x \geqslant \dfrac{3}{2} \end{cases}$.

10.

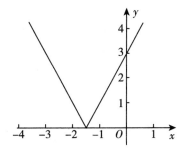

11. 解：$y = \begin{cases} -2x - 3, & x \leqslant -2 \\ 1, & -2 < x < -1 \\ 2x + 3, & x \geqslant -1 \end{cases}$.

图像如下图所示：

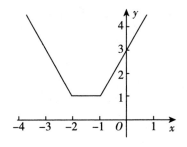

12. 解：$y = \begin{cases} x^2 - 2x - 3, & x \geqslant 3 \text{ 或 } x \leqslant -1 \\ -x^2 + 2x + 3, & -1 < x < 3 \end{cases}$,

图像如下图所示：

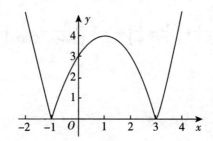

第二节 乘法公式与因式分解

我们学习了乘法公式（平方差公式与完全平方公式），并且知道乘法公式可以使多项式的运算简便。由于在高中学习中还会遇到更复杂的多项式乘法运算，因此本节中将拓展乘法公式的内容，补充三个数和的完全平方公式、立方和、立方差公式。

因式分解是代数式的一种重要的恒等变形，它与整式乘法是相反方向的变形。

因式分解的方法较多，除了初中课本涉及的提取公因式法和公式法（平方差公式和完全平方公式）外，还有公式法（立方和、立方差公式）、十字相乘法和分组分解法等。

一、知识回顾与梳理

【公式 1】 $(a \pm b)^2 = a^2 \pm 2ab + b^2$（和（差）的平方公式）。

【公式 2】 $a^2 - b^2 = (a + b)(a - b)$（平方差公式）。

【公式 3】 $(a \pm b)^3 = a^3 \pm 3a^2b + 3ab^2 \pm b^3$（和（差）的立方公式）。

【公式 4】 $a^3 \pm b^3 = (a \pm b)(a^2 \mp ab + b^2)$（立方和（差）公式）。

【公式 5】 $(a + b + c)^2 = a^2 + b^2 + c^2 + 2ab + 2bc + 2ca$（三个数和的完全平方公式）。

二、方法与技巧

（1）熟记公式，根据结构套用公式进行乘法运算，结果一般按照某因式降幂排列。

（2）一般地，把一个多项式因式分解，可以按照下列步骤进行：

① 如果多项式各项有公因式，那么先提取公因式；

② 如果各项没有公因式，那么可以尝试运用公式来分解；

③ 如果用上述方法不能分解，那么可以尝试用分组或其他方法（如十字相乘法）来分解；

④ 分解因式，必须进行到每一个多项式因式都不能再分解为止。

三、典例剖析

例1：计算。

（1）$\left(x^2 - \sqrt{2}x + \dfrac{1}{3}\right)^2$；

（2）$(4+m)(16-4m+m^2)$；

（3）$\left(\dfrac{1}{5}m - \dfrac{1}{2}n\right)\left(\dfrac{1}{25}m^2 + \dfrac{1}{10}mn + \dfrac{1}{4}n^2\right)$.

【回顾与反思】

在进行代数式的乘法、除法运算时，要观察代数式的结构是否满足乘法公式的结构。为了更好地使用乘法公式，记住 1、2、3、4、…、20 的平方数和 1、2、3、4、…、10 的立方数，是非常有好处的。

跟踪训练 1：

（1）$(a+2)(a-2)(a^4+4a^2+16)$；

（2）$(x^2+2xy+y^2)(x^2-xy+y^2)^2$.

例 2：提公因式与公式法分解因式。

（1）$3a^3b-81b^4$；

（2）a^7-ab^6.

【回顾与反思】

（1）在运用立方和（差）公式分解因式时，经常要逆用幂的运算法则，如 $8a^3b^3=(2ab)^3$，这里逆用了法则 $(ab)^n=a^nb^n$；

（2）在运用立方和（差）公式分解因式时，一定要看准因式中各项的符号。

跟踪训练 2：分解因式。

（1）$8+x^3$；

（2） $0.125 - 27b^3$.

例3： 十字相乘法分解因式。

二次项系数 a 分解成 a_1a_2，常数项 c 分解成 c_1c_2，把 a_1、a_2、c_1、c_2 写成 $\begin{matrix} a_1 \\ a_2 \end{matrix} \times \begin{matrix} c_1 \\ c_2 \end{matrix}$，这里按斜线交叉相乘，再相加，就得到 $a_1c_2 + a_2c_1$，如果它正好等于 $ax^2 + bx + c$ 的一次项系数 b，那么 $ax^2 + bx + c$ 就可以分解成 $(a_1x + c_1)(a_2x + c_2)$，其中 a_1、c_1 位于上一行，a_2、c_2 位于下一行。

这种借助画十字交叉线分解系数，从而将二次三项式分解因式的方法，叫作十字相乘法。

（1） $x^2 - 7x + 6$ ；   （2） $x^2 + xy - 6y^2$ ；

（3） $12x^2 - 5x - 2$.

【回顾与反思】

（1） $x^2 + (p+q)x + pq$ 型的因式分解。

这类式子在许多问题中经常出现，其特点是：

① 二次项系数是1；

② 常数项是两个数之积；

③ 一次项系数是常数项的两个因数之和。

$x^2 + (p+q)x + pq = x^2 + px + qx + pq = x(x+p) + q(x+p) = (x+p)(x+q)$

因此，$x^2 + (p+q)x + pq = (x+p)(x+q)$，

运用这个公式，可以把某些二次项系数为 1 的二次三项式分解因式。

（2）常数项为负数时，应分解为两个异号的因数，其中绝对值较大的因数与一次项系数的符号相同。

（3）用十字相乘法分解二次三项式，当二次项系数不是 1 时较困难，具体分解时，为提高速度，可先对有关常数分解，交叉相乘后，若原常数为负数，用减法"凑"，看是否符合一次项系数，否则用加法"凑"，先"凑"绝对值，然后调整，添加正、负号。

（4）另外，不易观察的式子可用判别式判断，若判别式为完全平方式，则十字相乘法可行。

跟踪训练 3：把下列各式因式分解。

（1）$x^2 + 13x + 36$；

（2）$(x^2 + x)^2 - 8(x^2 + x) + 12$；

（3）$5x^2 + 6xy - 8y^2$．

例 4：分组、配方、多项式除法分解因式：$ab(c^2 - d^2) - (a^2 - b^2)cd$．

【回顾与反思】

（1）如果一个多项式的项分组后，各组都能直接运用公式或提取公因式进行分解，并且各组在分解后，它们之间又能运用公式或有公因式，那么这个多项式就可以用分组分解法来分解因式。

（2）配方法分解因式：$x^2 + 6x - 16$．

这种设法配成有完全平方式的方法叫作配方法，配方后将二次三项式化为两个平方式，然后用平方差公式分解。

（3）拆、添项法分解因式：$x^3 - 3x^2 + 4$．

本解法把原常数 4 拆成 1 与 3 的和，将多项式分成两组，满足系数对应成比例，造成可以用公式法及提取公因式的条件。本题还可以将 $-3x^2$ 拆成 $x^2 - 4x^2$，将多项式分成两组 $(x^3 + x^2)$ 和 $-4x^2 + 4$．

（4）多项式除法分解因式：$x^3 - 3x^2 + 4$．

【回顾与反思】

（1）做竖式除法时，被除式、除式都要按同一字母的降幂排列，缺项补零（除式的缺项也可以不补零，但做其中的减法时，要同类项对齐）；

（2）本方法适合于 3 次及 3 次以上的多项式，前提是通过观察能找到一个特殊的因式。

跟踪训练 4：分解因式。

（1）$2x^2 + 4xy + 2y^2 - 8z^2$．

（2）$x^3 - 2x^2 + 2x - 1$．

（3）$x^3 + 2x^2 - x - 2$.

专 项 训 练

一、选择题

1. 已知 $p^2 + q^2 = 169$ ，$p - q = 7$ ，那么 pq 的值为（　　）.

A. 120 　　　　B. 60 　　　　C. 30 　　　　D. 15

2. 把代数式 $ax^2 - 4ax + 4a$ 分解因式，下列结果中正确的是（　　）.

A. $a(x - 2)^2$ 　　　　　　　　B. $a(x + 2)^2$

C. $a(x - 4)^2$ 　　　　　　　　D. $a(x - 2)(x + 2)$

3. 下列各式中，不是 $4x^4 - 17x^2 + 4$ 的因式的是（　　）.

A. $x - \dfrac{1}{2}$ 　　　　　　　　B. $x + 2$

C. $x - 2$ 　　　　　　　　D. $x - 4$

4. 下列因式分解中，正确的是（　　）.

A. $x^2 y^2 - z^2 = x^2(y + z)(y - z)$

B. $- x^2 y + 4xy - 5y = - y(x^2 - 4x + 5)$

C. $(x + y)^2 - 9 = (x + 5)(x - 1)$

D. $9 - 12a + 4a^2 = -(3 - 2a)^2$

5. 要使二次三项式 $x^2 - 5x + p$ 在整数范围内能进行因式分解，那么整数 p 的取值可以有（　　）.

A. 2 个 　　　　B. 4 个 　　　　C. 6 个 　　　　D. 无数多个

二、填空题

6. 把下列各式分解因式：

（1）$x^2 - 3x + 2 = $ _____ .

（2）$x^2 - 6x - 27 = $ _____ .

（3）$m^2 - 4mn - 5n^2 =$ _____.

7. 把下列各式分解因式：

（1）$2ax - 10ay + 5by - bx =$ _____.

（2）$x^2 - y^2 + ax + ay =$ _____.

（3）$2x^2 + 4xy + 2y^2 - 8z^2 =$ _____.

8. 把下列各式分解因式：

（1）$3ax - 3ay + xy - y^2 =$ _____.

（2）$8x^3 + 4x^2 - 2x - 1 =$ _____.

（3）$4xy + 1 - 4x^2 - y^2 =$ _____.

（4）$a^4b + a^3b^2 - a^2b^3 - ab^4 =$ _____.

（5）$x^6 - y^6 - 2x^3 + 1 =$ _____.

（6）$3x^3 + 10x^2 + 13x - 26 =$ _____.

三、解答题

9. 已知 $x^2 - 3x + 1 = 0$，求 $x^3 + \dfrac{1}{x^3}$ 的值。

10. 已知 $a + b + c = 0$，

（1）求证：$a^3 + b^3 + c^3 = 3abc$.

（2）求 $a\left(\dfrac{1}{b} + \dfrac{1}{c}\right) + b\left(\dfrac{1}{c} + \dfrac{1}{a}\right) + c\left(\dfrac{1}{a} + \dfrac{1}{b}\right)$ 的值。

11. 已知 $a + b = \dfrac{2}{3}$ ， $ab = 2$ ， 求代数式 $a^2b + 2a^2b^2 + ab^2$ 的值。

12. 证明：当 n 为大于 2 的整数时， $n^5 - 5n^3 + 4n$ 能被 120 整除。

参考答案

典例剖析及跟踪训练答案

例 1：计算：

（1）解：原式 $= \left[x^2 + (-\sqrt{2}x) + \dfrac{1}{3} \right]^2$

$= (x^2)^2 + (-\sqrt{2}x)^2 + \left(\dfrac{1}{3} \right)^2 + 2x^2(-\sqrt{2}x) + 2x^2 \times \dfrac{1}{3} + 2 \times$

$\dfrac{1}{3} \times (-\sqrt{2}x)$

$= x^4 - 2\sqrt{2}x^3 + \dfrac{8}{3}x^2 - \dfrac{2\sqrt{2}}{3}x + \dfrac{1}{9}$

（2）解：原式 $= 4^3 + m^3$

$= 64 + m^3$

（3）解：原式 $= \left(\dfrac{1}{5}m \right)^3 - \left(\dfrac{1}{2}n \right)^3$

$= \dfrac{1}{125}m^3 - \dfrac{1}{8}n^3$

跟踪训练 1：

（1）原式 $= (a^2 - 4)(a^4 + 4a^2 + 4^2)$

$$= (a^2)^3 - 4^3$$

$$= a^6 - 64$$

(2) 原式 $= (x+y)^2(x^2-xy+y^2)^2$

$$= [(x+y)(x^2-xy+y^2)]^2$$

$$= (x^3+y^3)^2$$

$$= x^6 + 2x^3y^3 + y^6$$

例2：分析

(1) 中应先提取公因式再进一步分解。

(2) 中提取公因式后，括号内出现 $a^6 - b^6$，可看作是 $(a^3)^2 - (b^3)^2$ 或 $(a^2)^3 - (b^2)^3$.

解：(1) $3a^3b - 81b^4 = 3b(a^3 - 27b^3)$

$$= 3b(a-3b)(a^2 + 3ab + 9b^2)$$

(2) $a^7 - ab^6 = a(a^6 - b^6)$

$$= a(a^3 + b^3)(a^3 - b^3)$$

$$= a(a+b)(a^2 - ab + b^2)(a-b)(a^2 + ab + b^2)$$

$$= a(a+b)(a-b)(a^2 + ab + b^2)(a^2 - ab + b^2)$$

跟踪训练2：分析

(1) 中，$8 = 2^3$，

(2) 中 $0.125 = 0.5^3$，$27b^3 = (3b)^3$.

解：(1) $8 + x^3 = 2^3 + x^3 = (2+x)(4 - 2x + x^2)$

(2) $0.125 - 27b^3 = 0.5^3 - (3b)^3$

$$= (0.5 - 3b)[0.5^2 + 0.5 \times 3b + (3b)^2]$$

$$= (0.5 - 3b)(0.25 + 1.5b + 9b^2)$$

例3：

解：(1) $\because 6 = (-1) \times (-6)$，$(-1) + (-6) = -7$

$\therefore x^2 - 7x + 6 = [x + (-1)][x + (-6)] = (x-1)(x-6)$.

(2) 分析：把 $x^2 + xy - 6y^2$ 看成 x 的二次三项式，这时常数项是 $-6y^2$，一

次项系数是 y ，把 $-6y^2$ 分解成 $3y$ 与 $-2y$ 的积，而 $3y + (-2y) = y$ ，正好是一次项系数。

$$x^2 + xy - 6y^2 = x^2 + yx - 6y^2 = (x + 3y)(x - 2y).$$

(3) $12x^2 - 5x - 2 = (3x - 2)(4x + 1)$ ， $\begin{matrix} 3 \\ 4 \end{matrix} \times \begin{matrix} -2 \\ 1 \end{matrix}$ ．

跟踪训练 3：

解：（1）∵ $36 = 4 \times 9$ ，$4 + 9 = 13$

∴ $x^2 + 13x + 36 = (x + 4)(x + 9).$

（2）由换元思想，只要把 $x^2 + x$ 整体看作一个字母 a ，可不必写出，只当作分解二次三项式 $a^2 - 8a + 12.$

$$(x^2 + x)^2 - 8(x^2 + x) + 12 = (x^2 + x - 6)(x^2 + x - 2)$$
$$= (x + 3)(x - 2)(x + 2)(x - 1).$$

（3）$5x^2 + 6xy - 8y^2 = (x + 2y)(5x - 4y)$ ， $\begin{matrix} 1 \\ 5 \end{matrix} \times \begin{matrix} 2y \\ -4y \end{matrix}$ ．

例 4：

分组、配方、多项式除法分解因式： $ab(c^2 - d^2) - (a^2 - b^2)cd.$

分析：按照原先分组方式，无公因式可提，需要把括号打开后重新分组，然后再分解因式。

解： $ab(c^2 - d^2) - (a^2 - b^2)cd$

$= abc^2 - abd^2 - a^2cd + b^2cd$

$= (abc^2 - a^2cd) + (b^2cd - abd^2)$

$= ac(bc - ad) + bd(bc - ad)$

$= (bc - ad)(ac + bd)$

【回顾与反思】

（2）配方法分解因式： $x^2 + 6x - 16.$

解： $x^2 + 6x - 16$

$= x^2 + 2 \times x \times 3 + 3^2 - 3^2 - 16$

$= (x + 3)^2 - 5^2$

$$= (x+3+5)(x+3-5)$$
$$= (x+8)(x-2)$$

（3）拆、添项法分解因式 $x^3 - 3x^2 + 4$.

解：$x^3 - 3x^2 + 4$

$$= (x^3 + 1) - (3x^2 - 3)$$
$$= (x+1)(x^2-x+1) - 3(x+1)(x-1)$$
$$= (x+1)\left[(x^2-x+1) - 3(x-1)\right]$$
$$= (x+1)(x^2 - 4x + 4)$$
$$= (x+1)(x-2)^2$$

（4）多项式除法分解因式：$x^3 - 3x^2 + 4$.

分析：此多项式次数较高，分解成几个因式的积，可观察到它含有因式 $x+1$，然后用多项式除法，可求出其余因式。

解：计算 $(x^3 - 3x^2 + 4) \div (x+1)$

解：

$$\require{enclose}\begin{array}{r}x^2-4x+4\\ x+1\enclose{longdiv}{x^3-3x^2+0x+4}\\ \underline{x^3+x^2}\\ -4x^2+0x\\ \underline{-4x^2-4x}\\ 4x+4\\ \underline{4x+4}\\ 0\end{array}$$

$\therefore (x^3 - 3x^2 + 4) \div (x+1) = x^2 - 4x + 4 = (x-2)^2$

$\therefore x^3 - 3x^2 + 4 = (x+1)(x-2)^2$

跟踪训练 4：

（1）分析：先将系数 2 提出后，得到 $x^2 + 2xy + y^2 - 4z^2$，其中前三项作为一组，它是一个完全平方式，再和第四项形成平方差形式，可继续分解因式。

解：$2x^2 + 4xy + 2y^2 - 8z^2$

$$= 2(x^2 + 2xy + y^2 - 4z^2)$$

$$= 2\left[(x+y)^2 - (2z)^2\right]$$
$$= 2(x+y+2z)(x+y-2z)$$

（2）解：$x^3 - 2x^2 + 2x - 1$

$$= x^3 - x^2 - (x^2 - x) + x - 1$$
$$= x^2(x-1) - x(x-1) + (x-1)$$
$$= (x-1)(x^2 - x + 1)$$

（3）分析：此多项式次数较高，分解成几个因式的积，可观察到它含有因式 $x+2$，然后用多项式除法，可求出其余因式。

解：$(x^3 + 2x^2 - x - 2) \div (x+2) = x^2 - 1$

$$\therefore \ x^3 + 2x^2 - x - 2$$
$$= (x+2)(x^2 - 1)$$
$$= (x+2)(x+1)(x-1)$$

专项训练参考答案

一、选择题

1. B　点拨：$pq = -\dfrac{1}{2}\left[(p-q)^2 - (p^2 + q^2)\right]$

$$= -\dfrac{1}{2}(49 - 169)$$

$$= -\dfrac{1}{2} \times (-120) = 60.$$

2. A　点拨：原式 $= a(x^2 - 4x + 4) = a(x-2)^2$.

3. D　点拨：直接将 $4x^4 - 17x^2 + 4$ 分解因式进行判断。

4. B　点拨：A. $x^2y^2 - z^2 = (xy+z)(xy-z)$；

　　　　　　B. $-x^2y + 4xy - 5y = -y(x^2 - 4x + 5)$；

　　　　　　C. $(x+y)^2 - 9 = (x+y+3)(x+y-3)$；

　　　　　　D. $9 - 12a + 4a^2 = (3-2a)^2$.

5. D 点拨：任取正整数 n，则 p 可取 $n(-5-n)$，故 p 的取值可以有无数多个。

二、填空题

6. (1) $(x-2)(x-1)$;

(2) $(x-9)(x+3)$;

(3) $(m-5n)(m+n)$.

7. (1) 解：$2ax-10ay+5by-bx$

$= 2a(x-5y)-b(x-5y)$

$= (x-5y)(2a-b)$

(2) 解：$x^2-y^2+ax+ay$

$= (x+y)(x-y)+a(x+y)$

$= (x+y)(x-y+a)$

(3) 解：$2x^2+4xy+2y^2-8z^2$

$= 2(x^2+2xy+y^2-4z^2)$

$= 2[(x+y)^2-(2z)^2]$

$= 2(x+y+2z)(x+y-2z)$

8. (1) $(x-y)(3a+y)$;

(2) $(2x+1)^2(2x-1)$;

(3) $(1-2x+y)(1+2x-y)$;

(4) $ab(a+b)^2(a-b)$;

(5) $(x^3-1-y^3)(x^3-1+y^3)$;

(6) $(x-1)(3x^2+13x+26)$.

三、解答题

9. 解法 1：$x^2-3x+1=0$

$\therefore x \neq 0$，$x+\dfrac{1}{x}=3$

$\therefore x^3+\dfrac{1}{x^3}=\left(x+\dfrac{1}{x}\right)^3-3x \cdot \dfrac{1}{x}\left(x+\dfrac{1}{x}\right)$

$$= 3^3 - 3 \times 3$$

$$= 18$$

解法 2：由 $x^2 - 3x + 1 = 0$ 解得

$$x = \frac{3 \pm \sqrt{5}}{2}, \quad \therefore x^3 + \frac{1}{x^3} = \left(\frac{3 + \sqrt{5}}{2}\right)^3 + \left(\frac{2}{3 + \sqrt{5}}\right)^3 = 18$$

或者 $x^3 + \dfrac{1}{x^3} = \left(\dfrac{3 - \sqrt{5}}{2}\right)^3 + \left(\dfrac{2}{3 - \sqrt{5}}\right)^3 = 18$

解法 3：由 $x^2 - 3x + 1 = 0$，解得 $x^2 = 3x - 1$，

$$\therefore x^3 = 3x^2 - x = 3(3x - 1) - x = 8x - 3$$

$$\therefore x^3 + \frac{1}{x^3}$$

$$= 8x - 3 + \frac{1}{8x - 3}$$

$$= \frac{(8x - 3)^2 + 1}{8x - 3}$$

$$= \frac{64x^2 - 48x + 10}{8x - 3}$$

$$= \frac{64(3x - 1) - 48x + 10}{8x - 3}$$

$$= \frac{18(8x - 3)}{8x - 3}$$

$$= 18$$

说明：解法 1 是根据条件式与求值式的联系，用变式 1 整体代换，简化了计算；解法 2 先从方程 $x^2 - 3x + 1 = 0$ 中解出 x 的值后，再代入代数式求值，思考易但计算繁；解法 3 采用的是不解 x 反复降次的方法，有一定的技巧性，但这是解高次问题的常用方法。

智能提升：解法 3 的反复降次化繁为简，解法 1 的整体代换，体现了"正难则反，灵活变通"的解题策略，根据所求充分利用已知，是明智之举。

10. （1）证明：$\because a + b + c = 0$

$$\therefore a + b = -c$$

$\therefore a^3 + b^3 + c^3$

$= (a+b)^3 - 3ab(a+b) + c^3$

$= -c^3 + 3abc + c^3$

$= 3abc$

（2）**解法** 1：$\because a+b+c=0$

$\therefore a+b=-c,\ b+c=-a,\ c+a=-b$

原式 $= a \cdot \dfrac{b+c}{bc} + b \cdot \dfrac{a+c}{ac} + c \cdot \dfrac{a+b}{ab}$

$\qquad = \dfrac{a\,(-a)}{bc} + \dfrac{b\,(-b)}{ac} + \dfrac{c\,(-c)}{ab}$

$\qquad = -\dfrac{a^3 + b^3 + c^3}{abc}$

由（1）知 $a^3 + b^3 + c^3 = 3abc$

所以原式 $= -\dfrac{3abc}{abc} = -3$.

解法 2：由已知条件知：a、b、c 均不为 0，

$\because a+b+c=0$，

$\therefore a+b=-c,\ b+c=-a,\ c+a=-b$

$\therefore \dfrac{a+b}{c} = -1,\ \dfrac{b+c}{a} = -1,\ \dfrac{c+a}{b} = -1$

原式 $= \dfrac{a}{b} + \dfrac{a}{c} + \dfrac{b}{c} + \dfrac{b}{a} + \dfrac{c}{a} + \dfrac{c}{d}$

$\qquad = \dfrac{a+b}{c} + \dfrac{b+c}{a} + \dfrac{c+a}{b}$

$\qquad = (-1) + (-1) + (-1)$

$\qquad = -3$

说明：解法 1 通过移项，利用了字母的整体代换技巧；解法 2 通过移项，化分式然后重组达到了化简的目的。

智能提升：化 3 项为 2 项，整体代换是解决 3 项问题的常用手段，它使得计算成为可能。

11. $\dfrac{28}{3}$

12. 证明：$\because n^5 - 5n^3 + 4n = (n-2)(n-1)n(n+1)(n+2)$，

$\therefore$ 对一切大于 2 的整数 n，$n^5 - 5n^3 + 4n$ 都含有公约数 $1 \times 2 \times 3 \times 4 \times 5 = 120$，

$\therefore$ 当 n 为大于 2 的整数时，$n^5 - 5n^3 + 4n$ 能被 120 整除。

第三节　根式与分式

一、知识回顾与梳理

1. 根式的定义及基本性质

（1）定义：一般地，形如 $\sqrt{a}$（$a \geqslant 0$）的代数式叫做二次根式，根号下含有字母，且不能够开得尽方的式子称为无理式。

（2）二次根式性质如下：

① $(\sqrt{a})^2 = a$（$a \geqslant 0$）　　　　　② $\sqrt{a^2} = |a|$

③ $\sqrt{ab} = \sqrt{a} \cdot \sqrt{b}$（$a \geqslant 0$，$b \geqslant 0$）　　④ $\sqrt{\dfrac{b}{a}} = \dfrac{\sqrt{b}}{\sqrt{a}}$（$a > 0$，$b > 0$）

（3）二次根式 $\sqrt{a^2}$ 的意义：$\sqrt{a^2} = |a| = \begin{cases} a, & a \geqslant 0 \\ -a, & a < 0 \end{cases}$.

2. 分式的定义及性质

（1）分式的定义：形如 $\dfrac{A}{B}$ 的式子，若 B 中含有字母，且 $B \neq 0$，则称 $\dfrac{A}{B}$ 为分式。

（2）分式的性质：当 $m \neq 0$ 时，$\dfrac{A}{B} = \dfrac{A \times m}{B \times m}$，$\dfrac{A}{B} = \dfrac{A \div m}{B \div m}$，此性质称为分式的基本性质。

（3）繁分式定义：像 $\dfrac{\frac{a}{b}}{c+d}$，$\dfrac{m+n+p}{\frac{2m}{n+p}}$ 这样，分子或分母中又含有分式的分式叫作繁分式。

二、方法与技巧

（1）在二次根式的化简与运算过程中，二次根式的乘法可参照多项式乘法进行，运算中要运用公式 $\sqrt{a}\sqrt{b} = \sqrt{ab}$（$a \geq 0$，$b \geq 0$）；而对于二次根式的除法，通常先写成分式的形式，然后通过分母有理化进行运算；二次根式的加减法与多项式的加减法类似，应在化简的基础上去括号与合并同类二次根式。

（2）化简方法：繁分式的化简常用以下两种方法：①利用除法法则；②利用分式的基本性质。

（3）分母有理化的方法是分母和分子都乘以分母的有理化因式，化去分母中的根号的过程；而分子有理化则是分母和分子都乘以分子的有理化因式，化去分子中的根号的过程。

三、典例剖析

例1：化简与计算。

（1）$\sqrt{(\sqrt{3}-2)^2} + \sqrt{(\sqrt{3}-1)^2}$；

（2）$\sqrt{\dfrac{1}{a} + \dfrac{1}{b}}$（$a>0$，$b>0$）；

（3）$(\sqrt{a} - \sqrt{b} + 1)(1 - \sqrt{a} + \sqrt{b}) - (\sqrt{a} + \sqrt{b})^2$.

【回顾与反思】

（1）注意性质 $\sqrt{a^2} = |a|$ 的使用：当化去绝对值符号但字母的范围未知时，要对字母的取值分类讨论。

（2）二次根式的化简结果应满足：

①被开方数的因数是整数，因式是整式；

②被开方数不含能开得尽方的因数或因式。

跟踪训练1：化简与计算。

（1）$\sqrt{(1-x)^2} + \sqrt{(2-x)^2}\,(x \geq 1)$；

（2）$2\sqrt{\dfrac{x}{2}} - \sqrt{x^3} + \sqrt{8x}$；

（3）$\dfrac{\sqrt{a}}{a - \sqrt{ab}} + \dfrac{\sqrt{a}}{a + \sqrt{ab}}$.

例2：设 $x = \dfrac{2+\sqrt{3}}{2-\sqrt{3}}$，$y = \dfrac{2-\sqrt{3}}{2+\sqrt{3}}$，求 $x^3 + y^3$ 的值。

【回顾与反思】

有关代数式的求值问题：

（1）先化简后求值；

（2）当直接代入运算较复杂时，可根据结论的结构特点，倒推几步，再代入条件，有时整体代入可简化计算量。

跟踪训练 2：设 $x = \dfrac{1}{\sqrt{3}-2}$，$y = \dfrac{1}{\sqrt{3}+2}$，求代数式 $\dfrac{x^2+xy+y^2}{x+y}$ 的值。

例 3：化简 $\dfrac{x^2+3x+9}{x^2-27} + \dfrac{6x}{9x-x^3} - \dfrac{x-1}{6+2x}$.

【回顾与反思】

（1）分式的乘除运算一般化为乘法进行，当分子、分母为多项式时，应先因式分解再进行约分化简；

（2）分式的计算结果应是最简分式或整式。

跟踪训练 3：化简 $\dfrac{x}{x + \dfrac{1-x}{x - \dfrac{1}{x}}}$.

例 4：（1）试证：$\dfrac{1}{n(n+1)} = \dfrac{1}{n} - \dfrac{1}{n+1}$（其中 n 是正整数）。

(2) 计算：$\dfrac{1}{1\times 2}+\dfrac{1}{2\times 3}+\cdots+\dfrac{1}{9\times 10}$.

(3) 证明：对任意大于 1 的正整数 n，有 $\dfrac{1}{2\times 3}+\dfrac{1}{3\times 4}+\cdots+\dfrac{1}{n\times(n+1)}<\dfrac{1}{2}$.

跟踪训练 4：（1）计算：$\dfrac{1}{2\times 4}+\dfrac{1}{3\times 5}+\dfrac{1}{4\times 6}+\dfrac{1}{5\times 7}+\cdots+\dfrac{1}{8\times 10}+\dfrac{1}{9\times 11}$.

(2) 计算：$\left(1-\dfrac{1}{2^2}\right)\left(1-\dfrac{1}{3^2}\right)\left(1-\dfrac{1}{4^2}\right)\cdots\left(1-\dfrac{1}{8^2}\right)\left(1-\dfrac{1}{9^2}\right)\left(1-\dfrac{1}{10^2}\right)$.

专 项 训 练

一、选择题

1. 下列说法正确的是（　　　）.

A. 正数有一个偶次方根　　　　　　B. 负数没有偶次方根

C. 负数有两个奇次方根　　　　　　D. 正数有两个奇次方根

2. 当 $a>0$ 时，$\sqrt{-ax^3}=$（　　　）.

A. $x\sqrt{ax}$　　　　　　　　　　B. $x\sqrt{-ax}$

C. $-x\sqrt{-ax}$　　　　　　　　　D. $-x\sqrt{ax}$

3. 把 $\dfrac{\sqrt{a}-\sqrt{b}}{\sqrt{a}+\sqrt{b}}$ （$a\neq b$）分母有理化的结果是(　　).

A. -1

B. $\dfrac{a+b}{a-b}$

C. $\dfrac{a+b-2\sqrt{ab}}{a-b}$

D. $\dfrac{a+b-2\sqrt{ab}}{b-a}$

4. 若 $k=\dfrac{a}{b+c}=\dfrac{b}{a+c}=\dfrac{c}{a+b}$，则 k 的值等于(　　).

A. -1 　　　B. -1 或 $\dfrac{1}{2}$ 　　　C. $\dfrac{1}{2}$ 　　　D. 不能确定

5. 若 $a+b+c=0$，则 $a\left(\dfrac{1}{b}+\dfrac{1}{c}\right)+b\left(\dfrac{1}{c}+\dfrac{1}{a}\right)+c\left(\dfrac{1}{a}+\dfrac{1}{b}\right)+3$ 的值为

(　　).

A. 1 　　　B. -1 　　　C. ±1 　　　D. 0

二、填空题

6. 化简（下列 a 的取值范围均使根式有意义）：

（1） $\sqrt{-8a^3}=$ _____.

（2） $a\cdot\sqrt{-\dfrac{1}{a}}=$ _____.

（3） $\dfrac{\sqrt{4ab}}{a\sqrt{b}-b\sqrt{a}}=$ _____.

（4） $\dfrac{1}{\sqrt{2}}+\dfrac{1}{\sqrt{3}+\sqrt{2}}-\dfrac{2}{\sqrt{3}-1}=$ _____.

7. 化简：（1） $\dfrac{m}{3}\sqrt{9m}+10m\sqrt{\dfrac{m}{25}}-2m^2\sqrt{\dfrac{1}{m}}=$ _____.

（2） $\sqrt{\dfrac{2x-2y}{x}}\div\sqrt{\dfrac{x-y}{2x^2y}}$ （$x>y>0$） $=$ _____.

8. 化简或计算：

（1） $\left(\sqrt{18}-4\sqrt{\dfrac{1}{2}}+\dfrac{1}{\sqrt{2}-\sqrt{3}}\right)\div\dfrac{\sqrt{3}}{3}=$ _____.

(2) $2\sqrt{\dfrac{2}{3}} \cdot \sqrt{2} - \sqrt{(2-\sqrt{5})^2} + \dfrac{1}{\sqrt{5}+2} = $ _____ .

(3) $\dfrac{x\sqrt{x}+x\sqrt{y}}{xy-y^2} - \dfrac{x+\sqrt{xy}+y}{x\sqrt{x}-y\sqrt{y}} = $ _____ .

三、解答题

9. 若 $\dfrac{5x+4}{x(x+2)} = \dfrac{A}{x} + \dfrac{B}{x+2}$，求常数 A、B 的值。

10. 已知：$x=\sqrt{3}+1$，$y=\sqrt{3}-1$，求 $\dfrac{x^2-2xy+y^2}{x^2-y^2}$ 的值。

11. 已知 $a=\dfrac{1}{20}x+20$，$b=\dfrac{1}{20}x+19$，$c=\dfrac{1}{20}x+21$，求代数式 $a^2+b^2+c^2-ab-bc-ca$ 的值。

12. 设 $x=\dfrac{\sqrt{5}-1}{2}$，求 x^4+x^2+2x-1 的值。

参考答案

典例剖析及跟踪训练答案

例 1：

解：（1）原式 $= \left| \sqrt{3} - 2 \right| + \left| \sqrt{3} - 1 \right| = 2 - \sqrt{3} + \sqrt{3} - 1 = 1.$

（2）原式 $= \sqrt{\dfrac{a+b}{ab}} = \dfrac{\sqrt{a^2 b + ab^2}}{ab}.$

（3）原式 $= -\left[(\sqrt{a} - \sqrt{b} + 1)(\sqrt{a} - \sqrt{b} - 1) \right] - (\sqrt{a} + \sqrt{b})^2$

$\qquad = -\left[(\sqrt{a} - \sqrt{b})^2 - 1 \right] - (\sqrt{a} + \sqrt{b})^2$

$\qquad = -(\sqrt{a} - \sqrt{b})^2 - (\sqrt{a} + \sqrt{b})^2 + 1$

$\qquad = -a + 2\sqrt{ab} - b - a - 2\sqrt{ab} - b + 1$

$\qquad = -2a - 2b + 1.$

跟踪训练 1： 化简与计算。

解：（1）原式 $= |x-1| + |x-2| = \begin{cases} (x-1) + (x-2) = 2x - 3 & (x > 2) \\ (x-1) - (x-2) = 1 & (1 \leqslant x \leqslant 2) \end{cases}.$

解：（2）原式 $= 2\sqrt{\dfrac{2x}{2 \times 2}} - \sqrt{x \cdot x^2} + \sqrt{2 \times 2^2 x}$

$\qquad = \sqrt{2x} - x\sqrt{x} + 2\sqrt{2x}$

$\qquad = 3\sqrt{2x} - x\sqrt{x}.$

解：（3）原式 $= \dfrac{\sqrt{a}}{\sqrt{a}\,(\sqrt{a} - \sqrt{b})} + \dfrac{\sqrt{a}}{\sqrt{a}\,(\sqrt{a} + \sqrt{b})}$

$\qquad = \dfrac{1}{\sqrt{a} - \sqrt{b}} + \dfrac{1}{\sqrt{a} + \sqrt{b}}$

$\qquad = \dfrac{(\sqrt{a} + \sqrt{b}) + (\sqrt{a} - \sqrt{b})}{(\sqrt{a} + \sqrt{b})\,(\sqrt{a} - \sqrt{b})}$

$$= \frac{2\sqrt{a}}{a-b}.$$

例 2：

解： $x = \dfrac{2+\sqrt{3}}{2-\sqrt{3}} = 7 + 4\sqrt{3}$，

$y = 7 - 4\sqrt{3} \Rightarrow x + y = 14$，$xy = 1$，

原式 $= (x+y)(x^2 - xy + y^2) = (x+y)\left[(x+y)^2 - 3xy\right] = 14(14^2 - 3) =$

2702.

跟踪训练 2：

答案： $-\dfrac{13}{6}\sqrt{3}$

例 3：

解：原式 $= \dfrac{x^2 + 3x + 9}{(x-3)(x^2 + 3x + 9)} + \dfrac{6x}{x(9 - x^2)} - \dfrac{x-1}{2(3+x)}$

$$= \frac{1}{x-3} - \frac{6}{(x+3)(x-3)} - \frac{x-1}{2(x+3)}$$

$$= \frac{2(x+3) - 12 - (x-1)(x-3)}{2(x+3)(x-3)}$$

$$= \frac{-(x-3)^2}{2(x+3)(x-3)}$$

$$= \frac{3-x}{2(x+3)}.$$

跟踪训练 3：

解法一：原式 $= \dfrac{x}{x + \dfrac{1-x}{\dfrac{x^2-1}{x}}} = \dfrac{x}{x + \dfrac{(1-x)\cdot x}{(x+1)(x-1)}}$

$$= \frac{x}{x - \dfrac{x}{x+1}} = \frac{x}{\dfrac{x^2 + x - x}{x+1}}$$

$$= \frac{x(x+1)}{x^2} = \frac{x+1}{x}.$$

解法二：原式 $= \dfrac{x}{x + \dfrac{(1-x)\cdot x}{\left(x - \dfrac{1}{x}\right)\cdot x}} = \dfrac{x}{x + \dfrac{x(1-x)}{x^2-1}}$

$= \dfrac{x}{x - \dfrac{x}{x+1}} = \dfrac{x(x+1)}{x^2+x-x}$

$= \dfrac{x+1}{x}.$

例4：

解：（1）$\because \dfrac{1}{n} - \dfrac{1}{n+1} = \dfrac{(n+1)-n}{n(n+1)} = \dfrac{1}{n(n+1)}$，

$\therefore \dfrac{1}{n(n+1)} = \dfrac{1}{n} - \dfrac{1}{n+1}$（其中 n 是正整数）成立。

（2）由（1）可知

$\dfrac{1}{1\times 2} + \dfrac{1}{2\times 3} + \cdots + \dfrac{1}{9\times 10}$

$= \left(1 - \dfrac{1}{2}\right) + \left(\dfrac{1}{2} - \dfrac{1}{3}\right) + \cdots + \left(\dfrac{1}{9} - \dfrac{1}{10}\right)$

$= 1 - \dfrac{1}{10} = \dfrac{9}{10}.$

（3）证明：$\because \dfrac{1}{2\times 3} + \dfrac{1}{3\times 4} + \cdots + \dfrac{1}{n(n+1)} = \left(\dfrac{1}{2} - \dfrac{1}{3}\right) + \left(\dfrac{1}{3} - \dfrac{1}{4}\right) + \cdots +$

$\left(\dfrac{1}{n} - \dfrac{1}{n+1}\right) = \dfrac{1}{2} - \dfrac{1}{n+1}$，又 $n \geq 2$，且 n 是正整数，$\therefore \dfrac{1}{n+1}$ 一定为正数，

$\therefore \dfrac{1}{2\times 3} + \dfrac{1}{3\times 4} + \cdots + \dfrac{1}{n(n+1)} < \dfrac{1}{2}.$

跟踪训练4：

解：（1）$\dfrac{53}{165}$；

（2）$\dfrac{11}{20}.$

专项训练参考答案

一、选择题

1. 答案：B

2. 答案：C　点拨：$a > 0$，$\therefore x \leqslant 0$，$\therefore \sqrt{-ax^3} = -x\sqrt{-ax}$.

3. 答案：C　点拨：$\dfrac{\sqrt{a} - \sqrt{b}}{\sqrt{a} + \sqrt{b}} = \dfrac{a + b - 2\sqrt{ab}}{a - b}$.

4. 答案：B　点拨：由已知可得 $a = k(b + c)$，$b = k(a + c)$，$c = k(a + b)$，$\therefore a + b + c = 2k(a + b + c)$，当 $a + b + c = 0$ 时，$k = -1$，当 $a + b + c \neq 0$ 时，$k = \dfrac{1}{2}$.

5. 答案：D　点拨：充分运用 $a + b + c = 0$，并运用 $3 = 1 + 1 + 1 = \dfrac{a}{a} + \dfrac{b}{b} + \dfrac{c}{c}$，则原式 $= \dfrac{a}{b} + \dfrac{a}{c} + \dfrac{b}{c} + \dfrac{b}{a} + \dfrac{c}{a} + \dfrac{c}{b} + \dfrac{b}{b} + \dfrac{a}{a} + \dfrac{c}{c} = (a + b + c)\left(\dfrac{1}{a} + \dfrac{1}{b} + \dfrac{1}{c}\right) = 0$.

二、填空题

6. （1）$-2a\sqrt{-2a}$；（2）$-\sqrt{-a}$；（3）$\dfrac{2(\sqrt{a} + \sqrt{b})}{a - b}$；（4）$-\dfrac{\sqrt{2}}{2} - 1$.

7. （1）$m\sqrt{m}$；（2）$2\sqrt{xy}$.

8. （1）-3；（2）$\dfrac{4\sqrt{3}}{3}$；（3）$\dfrac{\sqrt{x} + \sqrt{y}}{y}$.

三、解答题

9. 解：$\because \dfrac{A}{x} + \dfrac{B}{x + 2} = \dfrac{A(x + 2) + Bx}{x(x + 2)}$

$= \dfrac{(A + B)x + 2A}{x(x + 2)}$

$= \dfrac{5x + 4}{x(x + 2)}$，

$$\therefore \begin{cases} A+B=5, \\ 2A=4, \end{cases} \text{解得} \begin{cases} A=2 \\ B=3 \end{cases}.$$

10. 解：$\dfrac{x^2-2xy+y^2}{x^2-y^2} = \dfrac{x-y}{x+y} = \dfrac{2}{2\sqrt{3}} = \dfrac{\sqrt{3}}{3}$.

11. 3

12. $3-\sqrt{5}$

第二章

一元二次方程

第一节　一元二次方程求根

一、知识回顾与梳理

一元二次方程 $ax^2 + bx + c = 0(a \neq 0)$ 用配方法可以变形为 $\left(x + \dfrac{b}{2a}\right)^2 = \dfrac{b^2 - 4ac}{4a^2}$ ，则方程根的情况可由判别式 $\Delta = b^2 - 4ac$ 来判定：

（1）当 $\Delta > 0$ 时，方程有两个不相等的实数根：$x_{1,2} = \dfrac{-b \pm \sqrt{b^2 - 4ac}}{2a}$；

（2）当 $\Delta = 0$ 时，方程有两个相等的实数根：$x_{1,2} = -\dfrac{b}{2a}$；

（3）当 $\Delta < 0$ 时，方程没有实数根。

二、方法与技巧

（1）判别式 $\Delta = b^2 - 4ac$ 可用于直接判断一元二次方程根的情况。

（2）在确定有两个相异实根的情况下，观察 $ax^2 + bx + c$ 是否可以采用十字相乘法分解因式：

如果可以，则分解因式为 $a(x - x_1)(x - x_2) = 0$ ，从而方程的根为 $x = x_1$，$x = x_2$.

否则，直接使用求根公式求解。若 $\Delta = b^2 - 4ac$ 为一完全平方数 $p^2(p > 0)$ ，则两根分别为 $x_1 = \dfrac{-b - p}{2a}$ ，$x_2 = \dfrac{-b + p}{2a}$ ，说明仍然可以使用十字相乘法求解。

三、典例剖析

例 1：判定下列关于 x 的方程根的情况。如果方程有实根，写出方程的实根。

(1) $x^2 - 3x + 3 = 0$

(2) $x^2 - 4x + 4 = 0$

(3) $x^2 - 3x + 1 = 0$

(4) $x^2 - 5x + 6 = 0$

【回顾与反思】

熟记判别式 $\Delta = b^2 - 4ac$，通过 $\Delta = b^2 - 4ac$ 的符号，判断方程根的情况；在有根的情况下，运用求根公式或因式分解，准确得到方程的根。

跟踪训练 1：判定下列关于 x 的方程根的情况。如果方程有实根，写出方程的实根。

(1) $2x^2 + 1 = 3x$

(2) $9x^2 - 6x + 1 = 0$

(3) $(1 + x)^2 + 2(1 + x) - 4 = 0$

(4) $(m^2 - 8m + 17)x^2 + 2mx + 1 = 0$

例2：已知关于 x 的一元二次方程 $3x^2 - 2x + k = 0$，根据下列条件，分别求出 k 的范围。

(1) 方程有两个不相等的实数根。

(2) 方程有两个相等的实数根。

(3) 方程有实数根。

(4) 方程无实数根。

【回顾与反思】

根据方程根的情况，确定判别式 $\Delta = b^2 - 4ac$ 所需满足的条件，从而求出参数 k 的范围。

跟踪训练2： 已知关于 x 的方程

$(m - 1)x^2 + 2mx + m + 3 = 0$，试讨论方程根的情况。

例3：解关于 x 的方程

(1) $(k^2 + 1)x^2 - 2kx + (k^2 + 4) = 0$

(2) $4x^2 - 4(m + 3)x + m^2 + 6m = 0$

（3）$x^2 - (a + 1)x + a = 0$

（4）$kx^2 - 2x - 1 = 0$

【回顾与反思】

综合考察查判别式 $\Delta = b^2 - 4ac$ 在不同条件下，对应的根的情况，并熟练运用求根公式、因式分解求根的能力。

跟踪训练 3：解关于的方程

（1）$2x^2 - (4m + 3)x + 6m = 0$

（2）$x^2 + (2a - 5)x + a^2 - 5a + 6 = 0$

（3）$x^2 - 2x + a = 0$

（4）$kx^2 - (k - 1)x - 1 = 0$

一、选择题

1. 下列关于 x 的一元二次方程有实数根的是(   ).

A. $x^2 + 1 = 0$　　　　　　　　B. $x^2 + x + 1 = 0$

C. $x^2 - x + 1 = 0$　　　　　　　D. $x^2 - x - 1 = 0$

2. 设 a，b，c 是 $\triangle ABC$ 的三边长，则方程 $cx^2 + (a+b)x + \frac{c}{4} = 0$ 的根的情况是(   ).

A. 没有实数根　　　　　　　　B. 有一个实数根

C. 有两个相等的实数根　　　　D. 有两个不相等的实数根

3. 关于 x 的一元二次方程 $(m+1)x^2 + x + m^2 - 2m - 3 = 0$ 有一个根是 0，则 m 的值为(   ).

A. $m = 3$ 或 $m = -1$　　　　　B. $m = -3$ 或 $m = 1$

C. $m = -1$　　　　　　　　　　D. $m = 3$

4. 若关于 x 的方程 $3kx^2 + 12x + k + 1 = 0$ 有两个相等的实数根，则 k 的值为(   ).

A. -4　　　　B. 3　　　　C. -4 或 3　　　　D. 2 或 -3

5. 设方程 $(x-a)(x-b) - x = 0$ 的两根是 c、d，则方程 $(x-c)(x-d) + x = 0$ 的根是(   ).

A. a，b　　　B. $-a$，$-b$　　　C. c，d　　　D. $-c$，$-d$

二、填空题

6. 若关于 x 的方程 $x^2 - 5x + k = 0$ 的一个根是 0，则另一个根是_____.

7. 若关于 x 的方程 $x^2 - 2x - m = 0$ 有两个相等的实数根，则 m 的值是_____.

8. 如果方程 $(b-c)x^2 + (c-a)x + (a-b) = 0$ 的两根相等，则 a、b、c 之间的关系是_____.

三、解答题

9. 解关于 x 的方程。

（1）$3x^2 - 2x - 2 = 0$

（2）$x^2 - 3x - 10 = 0$

（3）$6x^2 + x - 1 = 0$

（4）$-2x^2 + x + 3 = 0$

（5）$12x^2 - ax = a^2$

（6）$(m^2 - 1)x^2 + 2mx + 1 = 0$

10. 求证：无论 x 取怎样的实数，$x^2 - 10x + 36$ 的值都不可能等于 10.

11. 已知关于 x 的方程 $x^2 + (2m+1) + (m-2)^2 = 0$，$m$ 取何值时：

（1）方程有两个不相等的实数根。

（2）方程有两个相等的实数根。

（3）方程有实数根。

（4）方程没有实数根。

参考答案

典例剖析及跟踪训练答案

例 1：

解：（1）因为 $\Delta = (-3)^2 - 4 \times 1 \times 3 = -3 < 0$，所以方程无实根。

（2）因为 $\Delta = (-4)^2 - 4 \times 1 \times 4 = 0$，所以方程有两个相等实根 $x_{1,2} = 2$.

（3）因为 $\Delta = (-3)^2 - 4 \times 1 \times 1 = 5 > 0$，所以方程有两个不相等实根

$$x_1 = \frac{3 - \sqrt{5}}{2}, \quad x_2 = \frac{3 + \sqrt{5}}{2}.$$

（4）因为 $\Delta = (-5)^2 - 4 \times 1 \times 6 = 1 > 0$，所以方程有两个不相等实根。由观察可得 $(x-2)(x-3) = 0$，即 $x_1 = 2$，$x_2 = 3$.

跟踪训练 1：

解：（1）将方程整理为 $2x^2 - 3x + 1 = 0$，从而 $\Delta = (-3)^2 - 4 \times 2 \times 1 = 1 > 0$，所以方程有两个不相等实根。由观察可得 $(2x-1)(x-1) = 0$，即 $x_1 = \frac{1}{2}, x_2 = 1$.

（2）因为 $\Delta = (-6)^2 - 4 \times 9 \times 1 = 0$，所以方程有两个相等实根 $x_{1,2} = \frac{1}{3}$.

（3）法一：将表达式展开，整理可得 $x^2 + 4x - 1 = 0$. 从而 $\Delta = 4^2 - 4 \times 1 \times$

$(-1) = 20 > 0$，所以方程有两个不相等实根 $x_{1,2} = \dfrac{-4 \pm 2\sqrt{5}}{2 \times 1}$，即 $x_1 = -2 - \sqrt{5}$，

$x_2 = -2 + \sqrt{5}$.

法二：（换元法）令 $t = x + 1$，则方程化为 $t^2 + 2t - 4 = 0$. 从而 $\Delta = 2^2 - 4 \times 1$

$\times (-4) = 20 > 0$，所以方程有两个不相等实根 $t_{1,2} = \dfrac{-2 \pm 2\sqrt{5}}{2 \times 1}$，即 $t_1 = -1 -$

$\sqrt{5}$，$t_2 = -1 + \sqrt{5}$，所以 $x_1 = -2 - \sqrt{5}$，$x_2 = -2 + \sqrt{5}$.

（4）因为 $\Delta = (2m)^2 - 4 \times 1 \times (m^2 - 8m + 17) = 4(8m - 17)$，

① 当 $\Delta < 0$ 时，即 $m < \dfrac{17}{8}$，方程没有实数根。

② 当 $\Delta = 0$ 时，即 $m = \dfrac{17}{8}$，方程有两个相等的实数根：$x_{1,2} = \dfrac{-m}{m^2 - 8m + 17}$.

③ 当 $\Delta > 0$ 时，即 $m > \dfrac{17}{8}$，方程有两个不相等的实数根：

$$x_1 = \frac{-m - \sqrt{8m - 17}}{m^2 - 8m + 17}, \quad x_2 = \frac{-m + \sqrt{8m - 17}}{m^2 - 8m + 17}.$$

例 2：

解：因为 $\Delta = (-2)^2 - 4 \times 3 \times k = 4 - 12k$，依题意，可得：

（1）$4 - 12k > 0 \Rightarrow k < \dfrac{1}{3}$；

（2）$4 - 12k = 0 \Rightarrow k = \dfrac{1}{3}$；

（3）$4 - 12k \geqslant 0 \Rightarrow k \leqslant \dfrac{1}{3}$；

（4）$4 - 12k < 0 \Rightarrow k > \dfrac{1}{3}$.

跟踪训练 2：

解：（1）当 $m - 1 = 0$，即 $m = 1$ 时，此时方程为一元一次方程，方程为 $2x$

$+ 4 = 0$，该方程的解为 $x = -2$.

（2）当 $m - 1 \neq 0$，即 $m \neq 1$ 时，此时方程为一元二次方程，其判别式为：

$\Delta = (2m)^2 - 4 \cdot (m-1) \cdot (m+3) = -4(2m-3).$

① 当 $\Delta < 0$ 时，即 $m > \dfrac{3}{2}$，方程没有实数根。

② 当 $\Delta = 0$ 时，即 $m = \dfrac{3}{2}$，方程有两个相等的实数根：$x_{1,2} = -3$.

③ 当 $\Delta > 0$ 时，即 $m < \dfrac{3}{2}$ 且 $m \neq 1$，方程有两个不相等的实数根：

$$x_1 = \frac{-m - \sqrt{3-2m}}{m-1},\quad x_2 = \frac{-m + \sqrt{3-2m}}{m-1}.$$

例 3：

解：（1）因为 $\Delta = (-2k)^2 - 4 \cdot (k^2+1) \cdot (k^2+4) = 4k^2 - 4[k^4 + 5k^2 + 4]$ $= -4(k^4 + 4k^2 + 4) = -4(k^2+2)^2 < 0$，所以方程无实根。

（2）因为 $\Delta = 16(m+3)^2 - 16 \cdot (m^2+6m) = 16 \times 9 > 0$.

法一：由求根公式可得：$x_{1,2} = \dfrac{4(m+3) \pm 12}{2 \times 4}$，即 $x_1 = \dfrac{m+6}{2}$，$x_2 = \dfrac{m}{2}$.

法二：由观察可得 $(2x-m)[2x-(m+6)] = 0$，即 $x_1 = \dfrac{m+6}{2}$，$x_2 = \dfrac{m}{2}$.

（3）由观察可得 $(x-a)(x-1) = 0$，即 $x_1 = 1$，$x_2 = a$.

（4）第一，当 $k = 0$ 时，此时方程为一元一次方程，方程 $2x + 1 = 0$ 的解为 $x = -\dfrac{1}{2}$.

第二，当 $k \neq 0$ 时，此时方程为一元二次方程，其判别式为 $\Delta = 4 + 4k$.

① 当 $\Delta < 0$ 时，即 $k < -1$，方程没有实数根。

② 当 $\Delta = 0$ 时，即 $k = -1$，方程有两个相等的实数根：$x_{1,2} = -1$.

③ 当 $\Delta > 0$ 时，即 $k > -1$ 且 $k \neq 0$，方程有两个不相等的实数根：

$$x_1 = \frac{1 - \sqrt{k+1}}{k},\quad x_2 = \frac{1 + \sqrt{k+1}}{k}.$$

跟踪训练 3：

解：（1）由观察可得 $(x-2m)(2x-3) = 0$，即 $x_1 = \dfrac{3}{2}$，$x_2 = 2m$.

（2）由观察可得 $(x + a - 2)(x + a - 3) = 0$，即 $x_1 = 2 - a$，$x_2 = 3 - a$.

（3）因为 $\Delta = (-2)^2 - 4 \times 1 \times a = 4 - 4a$：

①当 $\Delta < 0$ 时，即 $a > 1$，方程没有实数根。

②当 $\Delta = 0$ 时，即 $a = 1$，方程有两个相等的实数根：$x_{1,2} = 1$.

③当 $\Delta > 0$ 时，即 $a < 1$，方程有两个不相等的实数根：

$x_1 = 1 - \sqrt{1 - a}$，$x_2 = 1 + \sqrt{1 - a}$.

（4）第一，当 $k = 0$ 时，此时方程为一元一次方程，方程 $x - 1 = 0$ 的解为 $x = 1$.

第二，当 $k \neq 0$ 时，此时方程为一元二次方程，由观察可得 $(x - 1)(kx + 1) = 0$，即 $x_1 = 1$，$x_2 = -\dfrac{1}{k}$.

专项训练参考答案

一、选择题

1. 答案：D

2. 答案：D

3. 答案：D

4. 答案：C

5. 答案：A

二、填空题

6. 5

7. −1

8. $2b = a + c$

三、解答题

9. 解：（1）$x_1 = \dfrac{1 - \sqrt{7}}{3}$，$x_2 = \dfrac{1 + \sqrt{7}}{3}$.

（2）由 $(x + 2)(x - 5) = 0$，则 $x_1 = -2$，$x_2 = 5$.

(3) 由 $(2x+1)(3x-1)=0$，则 $x_1=-\dfrac{1}{2}$，$x_2=\dfrac{1}{3}$.

(4) 由 $(x+1)(-2x+3)=0$，则 $x_1=-1$，$x_2=\dfrac{3}{2}$.

(5) 由 $(3x-a)(4x+a)=0$，则 $x_1=\dfrac{a}{3}$，$x_2=-\dfrac{a}{4}$.

(6) 第一，当 $m^2-1=0$ 时，此时方程为一元一次方程，

若 $m=1$，方程 $2x+1=0$ 的解为 $x=-\dfrac{1}{2}$；若 $m=-1$，方程 $-2x+1=0$ 的

解为 $x=\dfrac{1}{2}$.

第二，当 $m^2\ne1$ 时，此时方程为一元二次方程，由观察可得：$\big[(m-1)x+1\big]\big[(m+1)x+1\big]=0$，即 $x_1=-\dfrac{1}{m-1}$，$x_2=-\dfrac{1}{m+1}$.

10. 解：令 $x^2-10x+36=10$，则方程 $x^2-10x+26=0$ 的 $\Delta=100-4\times26$ <0，所以方程无解，从而可知结论成立。

11. 解：因为 $\Delta=(2m+1)^2-4(m-2)^2=5(4m-3)$，依题意，可得：

(1) $4m-3>0\Rightarrow m>\dfrac{3}{4}$.

(2) $4m-3=0\Rightarrow m=\dfrac{3}{4}$.

(3) $4m-3\geqslant0\Rightarrow m\geqslant\dfrac{3}{4}$.

(4) $4m-3<0\Rightarrow m<\dfrac{3}{4}$.

第二节 一元二次方程根与系数的 关系（韦达定理）

一、知识回顾与梳理

一元二次方程 $ax^2 + bx + c = 0(a \neq 0)$ 的两个根为：$x_1 = \dfrac{-b + \sqrt{b^2 - 4ac}}{2a}$，

$x_2 = \dfrac{-b - \sqrt{b^2 - 4ac}}{2a}$，所以：$x_1 + x_2 = \dfrac{-b + \sqrt{b^2 - 4ac}}{2a} + \dfrac{-b - \sqrt{b^2 - 4ac}}{2a}$

$= -\dfrac{b}{a}$，$x_1 \cdot x_2 = \dfrac{-b + \sqrt{b^2 - 4ac}}{2a} \cdot \dfrac{-b - \sqrt{b^2 - 4ac}}{2a} = \dfrac{(-b)^2 - (\sqrt{b^2 - 4ac})^2}{(2a)^2}$

$= \dfrac{4ac}{4a^2} = \dfrac{c}{a}$．

一元二次方程根与系数的关系由十六世纪的法国数学家韦达发现，所以通常把此定理称为"韦达定理"。

（1）韦达定理：设关于 x 的一元二次方程 $ax^2 + bx + c = 0(a \neq 0)$ 的两个根是 x_1、x_2，

则 $x_1 + x_2 = -\dfrac{b}{a}$，$x_1 x_2 = \dfrac{c}{a}$．

（2）韦达定理的逆定理：设 x_1、x_2 满足 $x_1 + x_2 = -p$，$x_1 x_2 = q$，则 x_1、x_2 是一元二次方程 $x^2 + px + q = 0$ 的两个根。

二、方法与技巧

利用根与系数的关系求值，要熟练掌握以下等式变形：

(1) $x_1^2 + x_2^2 = (x_1 + x_2)^2 - 2x_1x_2$;

(2) $\dfrac{1}{x_1} + \dfrac{1}{x_2} = \dfrac{x_1 + x_2}{x_1x_2}$;

(3) $(x_1 - x_2)^2 = (x_1 + x_2)^2 - 4x_1x_2$;

(4) $|x_1 - x_2| = \sqrt{(x_1 + x_2)^2 - 4x_1x_2}$;

(5) $x_1x_2^2 + x_1^2x_2 = x_1x_2(x_1 + x_2)$;

(6) $x_1^3 + x_2^3 = (x_1 + x_2)^3 - 3x_1x_2(x_1 + x_2)$.

三、典例剖析

例 1：不解方程，写出下列方程两根的和与积。

(1) $x^2 - 5x - 8 = 0$

(2) $3x^2 = 1 - 6x$

【回顾与反思】

准确记忆和使用韦达定理的公式。注意：必须将方程整理为一元二次方程的一般形式。

跟踪训练 1：不解方程，写出下列方程两根的和与积。

(1) $\sqrt{2}x^2 - 4\sqrt{3}x - 2\sqrt{2} = 0$

（2）$3x^2 - x - 2013 = 0$

例2：写出一个一元二次方程，使它的两个根分别满足下列条件：

（1）两根为 $-\dfrac{1}{3}$，$-\dfrac{1}{2}$；

（2）两根满足 $x_1 + x_2 = 9$，$x_1 x_2 = 14$.

【回顾与反思】

深刻理解韦达定理——根与系数的关系。

跟踪训练2：写出一个一元二次方程，使它的两个根分别满足下列条件：

（1）两根为 $\dfrac{-1+\sqrt{5}}{2}$，$\dfrac{-1-\sqrt{5}}{2}$；

（2）两根满足 $\dfrac{1}{x_1} + \dfrac{1}{x_2} = 3$，$\dfrac{1}{x_1 \cdot x_2} = 2$.

例3：设 x_1、x_2 是方程 $2x^2 + 4x - 3 = 0$ 的两个根。不解方程，求下列各

式的值。

(1) $(x_1 + 1)(x_2 + 1)$ (2) $x_1^2 + x_2^2$

(3) $|x_1 - x_2|$ (4) $\dfrac{x_2}{x_1} + \dfrac{x_1}{x_2}$

【回顾与反思】

熟练掌握代数式与 $x_1 + x_2$，$x_1 x_2$ 之间的恒等变形，准确应用韦达定理求值。

跟踪训练 3：若 x_1、x_2 是方程 $x^2 + 2x - 2018 = 0$ 的两个根，试求下列各式的值。

(1) $(x_1 + 5)(x_2 + 5)$ (2) $x_1^2 x_2 + x_1 x_2^2$

(3) $\dfrac{1}{x_1} + \dfrac{1}{x_2}$ (4) $x_1^3 + x_2^3$

例 4：已知 x_1、x_2 是一元二次方程 $4kx^2 - 4kx + k + 1 = 0$ 的两个实数根。

(1) 是否存在实数 k，使 $(2x_1 - x_2)(x_1 - 2x_2) = \dfrac{3}{2}$ 成立？若存在，求出 k 的值，若不存在，请说明理由。

（2）求使 $\dfrac{x_2}{x_1} + \dfrac{x_1}{x_2} - 2$ 的值为整数的实数 k 的整数值。

【回顾与反思】

将已知条件转化成 $x_1 + x_2$，$x_1 x_2$ 的形式，应用韦达定理，得到关于 k 的方程。

跟踪训练 4：已知关于 x 的方程 $x^2 + 2(m - 2)x + m^2 + 4 = 0$ 有两个实数根，并且这两个实数根的平方和比两个根的积大 21，求 m 的值。

专项训练

一、选择题

1. 已知关于 x 的一元二次方程 $x^2 + px + q = 0$ 的两个根为 -1、-2，则（　　）.

    A. $p = -3$，$q = 2$ B. $p = 3$，$q = 2$

    C. $p = 3$，$q = -2$ D. $p = -3$，$q = -2$

2. 以方程 $x^2 + 2x - 3 = 0$ 的两根的和与积为两根的一元二次方程是（　　）.

    A. $x^2 + 5x - 6 = 0$ B. $x^2 + 5x + 6 = 0$

    C. $x^2 - 5x + 6 = 0$ D. $x^2 - 5x - 6 = 0$

3. 已知方程 $4x^2 + (49 - k^2)x - 1 = 0$ 的两根互为相反数，则 k 的值为（　　）.

    A. -7 B. 7 C. ± 7 D. $\pm\dfrac{7}{2}$

4. 已知方程 $x^2 - 6x - 7 = 0$ 的两根为 x_1、x_2，则 $x_1^3 + x_2^3$ 的值为（　　）.

    A. 90   B. 126   C. 216   D. 342

5. 已知 x_1、x_2 为方程 $x^2 - tx + 4 = 0$ 的两个根，则 $y = x_1^2 + x_2^2$ 的取值范围为（   ）.

A. $y \geq -8$ B. $y \geq 0$ C. $y \geq 8$ D. $y \geq 16$

二、填空题

6. 已知方程 $2x^2 - 3x + a = 0$ 的两根为 x_1、x_2，且 $3x_1 + 2x_2 = 7$，则 $a =$ _____.

7. 方程组 $\begin{cases} x + y = -7 \\ xy = -18 \end{cases}$ 的解是_____.

8. 已知实数 a、b 满足 $a^2 - 8a + 5 = 0$，$b^2 - 8b + 5 = 0$，且 $a \neq b$，则 $\dfrac{b-1}{a-1} + \dfrac{a-1}{b-1}$ 的值为_____.

三、解答题

9. 已知方程 $3x^2 + px - 5 = 0$ 的两根是 x_1、x_2，方程 $3x^2 + 10x + q = 0$ 的两根是 x_3、x_4，若 $x_1 = x_3 = -\dfrac{1}{3}$，求 $x_2 + x_4$ 的值。

10. 已知 Rt$\triangle ABC$ 两条直角边长为方程 $x^2 - (2m+7)x + 4m(m-2) = 0$ 的两个根，且斜边长为 13，求 $S_{\triangle ABC}$ 的值。

11. 设实数 m、n 分别满足 $19m^2 + 20m + 1 = 0$，$n^2 + 20n + 19 = 0$，且 $mn \neq 1$，求 $\dfrac{2mn + 3m + 2}{n}$ 的值。

参考答案

典例剖析及跟踪训练答案

例1：

解：（1）$x_1 + x_2 = 5$，$x_1 x_2 = -8$.

（2）将方程整理为 $3x^2 + 6x - 1 = 0$，则可知：$x_1 + x_2 = -2$，$x_1 x_2 = -\dfrac{1}{3}$.

跟踪训练1：

解：（1）$x_1 + x_2 = 2\sqrt{6}$，$x_1 x_2 = -2$.

（2）$x_1 + x_2 = \dfrac{1}{3}$，$x_1 x_2 = -\dfrac{2013}{3}$.

例2：

解：（1）$6x^2 + 5x + 1 = 0$.

（2）$x^2 - 9x + 14 = 0$.

跟踪训练2：

解：（1）$x^2 + x - 1 = 0$.

（2）$2x^2 - 3x + 1 = 0$.

例3：

解：由题意，根据根与系数的关系得，$x_1 + x_2 = -2$，$x_1 x_2 = -\dfrac{3}{2}$，

（1）$(x_1 + 1)(x_2 + 1) = x_1 x_2 + (x_1 + x_2) + 1 = -\dfrac{3}{2} + (-2) + 1 = -\dfrac{5}{2}$.

（2）$x_1^2 + x_2^2 = (x_1 + x_2)^2 - 2x_1 x_2 = (-2)^2 - 2 \cdot \left(-\dfrac{3}{2}\right) = 7$.

（3）$|x_1 - x_2| = \sqrt{(x_1 - x_2)^2} = \sqrt{(x_1 + x_2)^2 - 4x_1 x_2} = \sqrt{(-2)^2 - 4 \cdot \left(-\dfrac{3}{2}\right)}$

$= \sqrt{10}$.

(4) $\dfrac{x_2}{x_1} + \dfrac{x_1}{x_2} = \dfrac{x_1^2 + x_2^2}{x_1 x_2} = \dfrac{(x_1 + x_2)^2 - 2x_1 x_2}{x_1 x_2} = -\dfrac{14}{3}$.

跟踪训练 3:

解：由题意，根据根与系数的关系得，$x_1 + x_2 = -2$，$x_1 x_2 = -2018$，

(1) $(x_1 + 5)(x_2 + 5) = x_1 x_2 + 5(x_1 + x_2) + 25 = -2018 + (-2) \times 5 + 25$

$= -2003$.

(2) $x_1^2 x_2 + x_1 x_2^2 = x_1 x_2 (x_1 + x_2) = (-2) \times (-2018) = 4036$.

(3) $\dfrac{1}{x_1} + \dfrac{1}{x_2} = \dfrac{x_1 + x_2}{x_1 x_2} = \dfrac{1}{1009}$.

(4) $x_1^3 + x_2^3 = (x_1 + x_2)(x_1^2 - x_1 x_2 + x_2^2) = (x_1 + x_2)\left[(x_1 + x_2)^2 - 3x_1 x_2\right]$

$= -12116$.

例 4:

解：(1) 假设存在实数 k，使 $(2x_1 - x_2)(x_1 - 2x_2) = -\dfrac{3}{2}$ 成立。

因为一元二次方程 $4kx^2 - 4kx + k + 1 = 0$ 有两个实数根，所以

$$\begin{cases} 4k \neq 0 \\ \Delta = (-4k)^2 - 4 \cdot 4k(k+1) = -16k \geqslant 0 \end{cases} \Rightarrow k < 0$$

又 x_1、x_2 是一元二次方程 $4kx^2 - 4kx + k + 1 = 0$ 的两个实数根，

$$\therefore \begin{cases} x_1 + x_2 = 1 \\ x_1 x_2 = \dfrac{k+1}{4k} \end{cases}$$

所以 $(2x_1 - x_2)(x_1 - 2x_2) = 2(x_1^2 + x_2^2) - 5x_1 x_2 = 2(x_1 + x_2)^2 - 9x_1 x_2$

$= 2 - 9 \times \dfrac{k+1}{4k} = -\dfrac{k+9}{4k} = -\dfrac{3}{2} \Rightarrow k = \dfrac{9}{5}$，但 $k < 0$。

所以，不存在实数 k，使 $(2x_1 - x_2)(x_1 - 2x_2) = -\dfrac{3}{2}$ 成立。

(2) 因为 $\dfrac{x_1}{x_2} + \dfrac{x_2}{x_1} - 2 = \dfrac{x_1^2 + x_2^2}{x_1 x_2} - 2 = \dfrac{(x_1 + x_2)^2 - 2x_1 x_2}{x_1 x_2} - 2 = \dfrac{1}{x_1 x_2} - 4 = \dfrac{4k}{k+1} - 4$

$= -\dfrac{4}{k+1}$.

所以，要使其值是整数，只需 $k+1$ 能被 4 整除，故 $k+1=\pm1$，±2，±4，

注意到 $k<0$，要使 $\dfrac{x_1}{x_2}+\dfrac{x_2}{x_1}-2$ 的值为整数的实数 k 的整数值为 -2，-3，-5.

跟踪训练4：

解：设 x_1、x_2 是方程的两根，由韦达定理，得 $x_1+x_2=-2(m-2)$，$x_1x_2=m^2+4$，

因为 $x_1^2+x_2^2-x_1x_2=21$，所以 $(x_1+x_2)^2-3x_1x_2=21$，

即 $[-2(m-2)]^2-3(m^2+4)=21$，

化简，得 $m^2-16m-17=0$，解得 $m=-1$ 或 $m=17$.

当 $m=-1$ 时，方程为 $x^2-6x+5=0$，其 $\Delta>0$，满足题意。

当 $m=17$ 时，方程为 $x^2+30x+293=0$，其 $\Delta<0$，不合题意，舍去。

专项训练参考答案

一、选择题

1. 答案：B

2. 答案：B

3. 答案：C

4. 答案：D

5. 答案：C

二、填空题

6. -20

7. $\begin{cases} x=-9 \\ y=2 \end{cases}$ 或 $\begin{cases} x=2 \\ y=-9 \end{cases}$

8. -20

三、解答题

9. 解：依题意，可得：$x_1x_2=-\dfrac{5}{3}$，$x_1=-\dfrac{1}{3}$，则可知 $x_2=5$.

$x_3 + x_4 = -\dfrac{10}{3}$，$x_3 = -\dfrac{1}{3}$，则可知 $x_4 = -3$.

所以 $x_2 + x_4 = 2$.

10. 解：设 a、b 为方程的两根，则 $\begin{cases} a + b = 2m + 7 \\ ab = 4m(m-2) \end{cases}$.

因为 $a^2 + b^2 = (a+b)^2 - 2ab = (2m+7)^2 - 8m(m-2) = 169$，所以可得 $m = 5$ 或 $m = 6$. 当 $m = 6$ 时，$\Delta = -23 < 0$（舍去）；当 $m = 5$ 时，$S_{\triangle ABC} = \dfrac{1}{2}ab = 30$.

11. 解：$\because n^2 + 20n + 19 = 0$

$\therefore 19 \cdot \left(\dfrac{1}{n}\right)^2 + 20 \cdot \dfrac{1}{n} + 1 = 0$

而 $19m^2 + 20m + 1 = 0$

$\therefore m$ 和 $\dfrac{1}{n}$ 可看作方程 $19x^2 + 20x + 1 = 0$ 的两个根，

$\therefore m + \dfrac{1}{n} = -\dfrac{20}{19}$，$m \times \dfrac{1}{n} = \dfrac{1}{19}$

$\therefore$ 原式 $= 2\left(m + \dfrac{1}{n}\right) + 3\dfrac{m}{n} = 2 \times \left(-\dfrac{20}{19}\right) + 3 \times \dfrac{1}{19} = -\dfrac{37}{19}$.

第三章

一元二次函数

第一节　函数

一、知识点回顾与梳理

1. 初中函数定义

在一个变化过程中，如果有两个变量 x 与 y，对于 x 的每一个确定的值，y 都有唯一确定的值与其对应，那么我们就说 x 是自变量，y 是 x 的函数，用符号记为 $y = f(x)$．

2. 反比例函数

形如 $y = \dfrac{k}{x}$（k 为常数，$k \neq 0$，$x \neq 0$）的函数，我们称为反比例函数。

3. 分段函数

在函数 $y = f(x)$ 中，对于自变量 x 的不同部分，有着不同的对应关系，我们称之为分段函数。

说明：（1）分段函数是一个函数，不要把它误认为是几个函数。

（2）分段函数自变量 x 的取值范围是其所有不同取值部分的合并，函数 y 的取值范围是其所有不同取值部分的合并。

例如：$y = |x| = \begin{cases} x, & x \geq 0, \\ -x, & x < 0. \end{cases}$ 为分段函数。

4. 区间的概念和记号

设 a、b 为两个实数，且 $a < b$，我们规定：

（1）满足 $a \leq x \leq b$ 的实数 x 的取值范围叫作闭区间，记为 $[a, b]$，如下图所示：

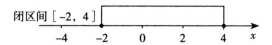

（2）满足 $a < x < b$ 的实数 x 的取值范围叫作开区间，记为 (a, b)，如下图所示：

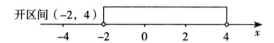

（3）满足 $a \leqslant x < b$ 或 $a < x \leqslant b$ 的实数 x 的取值范围叫作半开半闭区间，分别记为 $[a, b)$ 和 $(a, b]$，如下图所示：

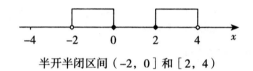

半开半闭区间 $(-2, 0]$ 和 $[2, 4)$

（4）满足 $x \geqslant a$，$x > a$，$x \leqslant b$，$x < b$ 实数 x 的取值范围分别记为 $[a, +\infty)$，$(a, +\infty)$，$(-\infty, b]$，$(-\infty, b)$，如下图所示：

区间 $(-\infty, 0)$　　区间 $[4, +\infty)$

其中 ∞ 读作无穷大，$+\infty$ 读作正无穷大，$-\infty$ 读作负无穷大。

5. 区间的交与并的概念

对于两个区间，我们把它们的重合部分叫作这两个区间的交，把它们合并起来叫作这两个区间的并，交的符号为 $\cap$，并的符号为 $\cup$.

如果两个区间没有重合部分，我们称这两个区间的交为空，记为 ϕ.

注意，两个区间的并不会为空。

例如：

区间 $[1, 2)$ 是区间 $(0, 2)$ 和 $[1, 4]$ 的交，记为 $(0, 2) \cap [1, 4] = [1, 2)$.

区间 $(0, 1)$ 和 $[2, 4]$ 的交为空，记为 $(0, 1) \cap [2, 4] = \phi$.

区间 $(0, 4]$ 是区间 $(0, 2)$ 和 $[1, 4]$ 的并，记为 $(0, 2) \cup [1, 4] = (0, 4]$.

区间（0，1）和［2，4］的并集记为（0，1）∪［2，4］，不能写成一个区间的形式。

下图显示了两个区间的交：

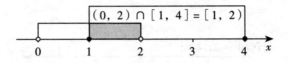

二、技巧与方法

图像的画法：

（1）描点法：列表、描点、连线。

（2）简单的图像平移变换：

① 左右平移：$y = f(x) \xrightarrow{\quad h>0 左移 \quad h<0 右移 \quad} y = f(x + h)$ ；

② 上下平移：$y = f(x) \xrightarrow{\quad k>0 上移 \quad k<0 下移 \quad} y = f(x) + k$.

（3）分段函数的图像

画分段函数 $y = \begin{cases} f_1(x)，x \in D_1 \\ f_2(x)，x \in D_2 \\ \cdots，\cdots \end{cases}$ 图像的步骤是：

① 画整个函数 $y = f_1(x)$ 的图像，再取其在区间 D_1 上的图像，其他删去不要；

② 画整个函数 $y = f_2(x)$ 的图像，再取其在区间 D_2 上的图像，其他删去不要；

③ 依次画下去；

④ 将各个部分合起来就是所要画的分段函数的图像。

三、典例剖析

例1：已知 $f(x) = \dfrac{1}{1 + x}(x \neq -1)$ ，$g(x) = x^2 + 2 (x \in \mathbf{R})$.

（1）求 $f(2)$，$g(2)$ 的值。

（2）求 $f(a+1)$，$g(a-1)$ 的值。

（3）求 $f(g(2))$ 的值。

【回顾与反思】

本题考查对函数 $y=f(x)$ 的理解。

易错点：把 $f(x)$ 理解成 f 乘以 x.

跟踪训练 1：已知 $f(x)=(1+x)(2x-1)$，

（1）求 $f(2)$ 的值。

（2）求 $f(a+1)$ 的值。

例 2：已知函数 $f(x)=\begin{cases} x+1, & x\leqslant -2, \\ x^2+2x, & -2<x<2, \\ 2x-1, & x\geqslant 2. \end{cases}$

（1）试画出函数图像。

（2）求 $f(-5)$，$f(3)$ 的值。

【回顾与反思】

本题考查对分段函数的理解。

易错点：

（1）把 $f(x)$ 看成几个函数，图像画在不同的坐标系中；

（2）图像中的空心点未标出。

跟踪训练 2：已知函数 $f(x) = \begin{cases} x^2, & x \leqslant -1, \\ x+1, & -1 < x < 2, \\ -x+1, & x \geqslant 2. \end{cases}$

（1）试画出函数的图像。

（2）求 $f(-4)$，$f(9)$ 的值。

例 3：已知函数 $f(x) = \begin{cases} \dfrac{1}{x}, & x < 0, \\ \dfrac{1}{x+1}, & x \geqslant 0. \end{cases}$ 画出 $f(x)$ 的图像。

【回顾与反思】

本题考查对反比例函数及经过平移变形的反比例函数的理解。

易错点：不理解经过平移变形的反比例函数的性质。

跟踪训练 3：已知 $f(x) = \begin{cases} -\dfrac{1}{x-1}, & x < 0, \\ \dfrac{2}{x+2}, & x \geqslant 0. \end{cases}$ 画出 $f(x)$ 的图像。

例 4: 已知 $f(x) = \dfrac{x-1}{x+1}(x > -1)$,

(1) 画出 $f(x)$ 的图像。

(2) 求使得 $f(x) > 0$ 的 x 的取值范围。

(3) 当 $x \geq 3$ 时, 求 $f(x)$ 的取值范围。

【回顾与反思】

本题考查对经过平移变形的反比例函数的理解。需注意反比例函数平移前延伸部分逐渐靠近坐标轴,且永不与坐标轴相交,因此平移后延伸部分逐渐靠近 $x = -1$ 和 $y = 1$ 两条直线且永不与其相交。

易错点:

(1) 不能结合图像性质去求解第 (2) 和第 (3) 问;

(2) 忽略函数平移后延伸部分逐渐靠近 $x = -1$ 和 $y = 1$ 两条直线但永不与其相交。

跟踪训练 4: 已知 $f(x) = \dfrac{2x-1}{1-x}(x \neq 1)$,

(1) 画出 $f(x)$ 的图像。

(2) 求使得 $f(x) > 0$ 的 x 的取值范围。

专 项 训 练

一、选择题

1. 区间 $[0, 1]$ 与区间 $(-1, 2)$ 的交和并分别是(   ).

A. $[0, 1]$, $(-1, 2)$ B. $(0, 1]$, $(-1, 2)$

C. $(-1, 0]$, $(0, 2]$ D. $[-1, 1]$, $(-1, 2]$

2. 一个面积为 100 的等腰梯形，上底长为 x，下底长为上底长的 3 倍，则把它的高 y 表示成 x 的函数为（   ）.

A. $y = 50x(x > 0)$ B. $y = 100x(x > 0)$

C. $y = \dfrac{50}{x}(x > 0)$ D. $y = \dfrac{100}{x}(x > 0)$

3. 设 $f(x) = \begin{cases} 1, & x > 0, \\ 0, & x = 0, \\ -1, & x < 0, \end{cases}$ $g(x) = \begin{cases} 1, & x \text{ 为有理数}, \\ 0, & x \text{ 为无理数}, \end{cases}$ $f(g(\pi))$ 的值为

（   ）.

A. 1   B. 0   C. -1 D. π

4. 函数 $y = -\dfrac{1}{x+1}$ 的图像是（   ）.

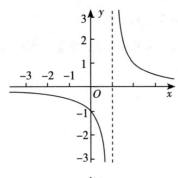 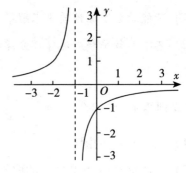

A.   B.

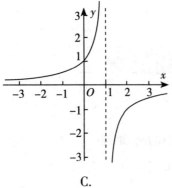 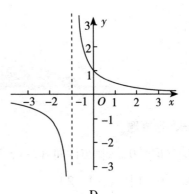

C.   D.

二、填空题

5. $(0, 2) \cap [1, 5] = $ _____ , $(0, 2) \cup [1, 5] = $ _____ ,

$(0, 2) \cap (3, 7) = $ _____ .（用区间表示）

6. 已知 $f(x) = (2x + 1)(3x - 1)$ ，则 $f(2) = $ _____ ， $f(a + 1) = $ _____ ，

$f(x) > 0$ 时 x 的取值范围是 _____ .（用区间表示）

三、解答题

7. 作出下列函数的图像并求出 $f(x)$ 的取值范围。

$$f(x) = \begin{cases} x - 1, & x \in (-\infty, 2), \\ 3, & x \in [2, 5), \\ -x + 5, & x \in [5, +\infty). \end{cases}$$

参考答案

典例剖析及跟踪训练答案

例1：

解（1）∵ $f(x) = \dfrac{1}{1 + x}$ ，

∴ $f(2) = \dfrac{1}{1 + 2} = \dfrac{1}{3}$ ，

∵ $g(x) = x^2 + 2$ ，

∴ $g(2) = 2^2 + 2 = 6$.

(2) $f(a + 1) = \dfrac{1}{1 + (a + 1)} = \dfrac{1}{a + 2}$ ，$(a \neq -2)$

$g(a - 1) = (a - 1)^2 + 2 = a^2 - 2a + 3$.

(3) 由（1）知 $g(2) = 6$ ，∴ $f(g(2)) = f(6) = \dfrac{1}{1 + 6} = \dfrac{1}{7}$.

跟踪训练 1：

解：(1) $f(2) = (1 + 2)(2 \times 2 - 1) = 9$.

(2) $f(a + 1) = (1 + a + 1)[2 \times (a + 1) - 1] = 2a^2 + 5a + 2$.

例 2：

解：(1) 画图的步骤是：

① 画整个一次函数 $y = x + 1$ 的图像，再取其在区间 $(-\infty, -2]$ 上的图像，其它删去不要；

② 画整个二次函数 $y = x^2 + 2x$ 的图像，再取其在区间 $(-2, 2)$ 上的图像，其它删去不要；

③ 画整个一次函数 $y = 2x - 1$ 的图像，再取其在区 $[2, +\infty)$ 上的图像，其它删去不要；

④ 将这三部分合起来就是所要画的分段函数的图像。如下图所示：

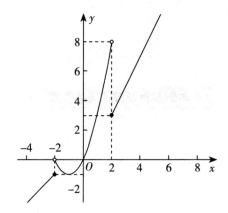

(2) $\because -5 < -2$,

$\therefore f(-5) = -5 + 1 = -4$,

$\because 3 > 2$,

$\therefore f(3) = 2 \times 3 - 1 = 5$.

跟踪训练 2：

解：（1）

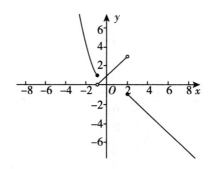

（2）∵ $-4 < -1$，

∴ $f(-4) = (-4)^2 = 16$，

∵ $9 > 2$，

∴ $f(9) = -9 + 1 = -8$.

例 3：

解：$x < 0$ 时 $f(x)$ 的图像为反比例函数 $y = \dfrac{1}{x}$ 图像的 y 轴左边部分，$x \geq 0$ 时

$f(x)$ 的图像为反比例函数 $y = \dfrac{1}{x}$ 图像的 y 轴右边部分向左平移 1 个单位后得到。

如下图所示：

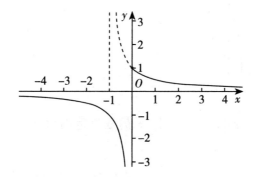

跟踪训练3：

解：

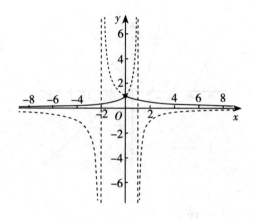

例4：

解：（1）将 $f(x)$ 变形为 $f(x) = \dfrac{x+1-2}{x+1} = 1 - \dfrac{2}{x+1}$ ，可知该函数图像是

由反比例函数 $y = -\dfrac{2}{x}$ 的 $x>0$ 的部分分别向上和向左平移一个单位得到，图像

如下图所示：

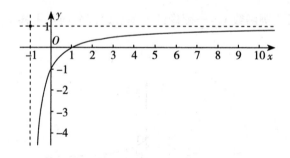

（2）观察图像， $f(x)>0$ 时， x 的取值范围为 $(1, +\infty)$ ，也可如下

求得：

由于 $f(x)>0$ ，故 $x-1$ 和 $x-1$ 两个表达式应同时大于0，或者同时小

于0.

由 $x-1>0$ 得到 $x>1$ ，由 $x+1>0$ 得到 $x>-1$ ，在数轴上画图可得两者的

交为 $x>1$ ；

由 $x-1<0$ 得到 $x<1$，由 $x+1<0$ 得到 $x<-1$，在数轴上画图可得两者的交为 $x<-1$，但题目条件要求 $x>-1$，故此时的解为 ϕ；

于是，$f(x)>0$ 时，x 的取值范围为（1，$+\infty$）$\cup\phi=$（1，$+\infty$）.

（3）观察图像，$x\geqslant3$ 时，$f(x)\geqslant f(3)=\dfrac{3-1}{3+1}=\dfrac{1}{2}$.

因此 $x\geqslant3$ 时，$f(x)$ 的取值范围为 $\left[\dfrac{1}{2},1\right)$.

跟踪训练 4：

解：（1）将 $f(x)$ 变形为 $f(x)=-\dfrac{2x-1}{x-1}=-\dfrac{2(x-1)+1}{x-1}=-2-\dfrac{1}{x-1}$

$=-2+\dfrac{-1}{x-1}$，

可知该函数图像是由反比例函数 $y=-\dfrac{1}{x}$ 分别向下平移两个单位和向右平移一个单位得到，

如图下图所示：

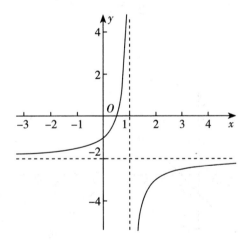

（2）令 $f(x)=\dfrac{2x-1}{1-x}=0$，可得 $x=\dfrac{1}{2}$. 由图可知当 $\dfrac{1}{2}<x<1$ 时，$f(x)>0$.

专项训练参考答案

一、选择题

1. 答案：A

2. 答案：C

点拨：由 $\dfrac{x+3x}{2}\times y=100$，得 $2xy=100$．

$\therefore y=\dfrac{50}{x}$ $(x>0)$．

3. 答案：B

4. 答案：B

二、填空题

5. $[1,2)\ (0,5]$　　ϕ

6. 25　$6a^2+13a+6$　$\left(-\infty,\ -\dfrac{1}{2}\right)\cup\left(\dfrac{1}{3},\ +\infty\right)$

三、解答题

7. 解：如下图所示：

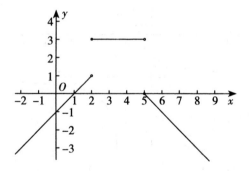

$x\in(-\infty,2)$ 时，$f(x)=x-1$，故 $f(x)<2-1=1$；

$x\in[2,5)$ 时，$f(x)=3$，故 $f(x)=3$；

$x\in[5,+\infty)$ 时，$f(x)=-x+5$，故 $f(x)\leqslant 5-5=0$．

因此，$f(x)$ 的取值范围为 $f(x)<1$ 或 $f(x)=3$．

第二节 一元二次函数的解析式

一元二次函数是中学数学的最重要的函数之一，本节主要是帮助学生理解并掌握如何求二次函数解析式的方法。

一、知识回顾与梳理

一元二次函数的三种表示法：

一般式：$y = ax^2 + bx + c(a \neq 0)$.

两根式：$y = a(x - x_1)(x - x_2)(a \neq 0)$.

顶点式：$y = a(x - x_0)^2 + n(a \neq 0)$，$(x_0, n)$ 为一元二次函数的顶点坐标。

二、方法与技巧

当已知抛物线上任意三点时，通常设函数解析式为一般式。

当已知抛物线的顶点坐标和抛物线上另一点时，通常设解析式为顶点式。

当已知抛物线与轴交点的横坐标时，通常设为两根式。

三、典例剖析

1. 待定系数法

例1：已知一个二次函数图像经过（-1，10）、（2，7）和（1，4）三点，那么这个函数的解析式是_____.

【反思与感悟】

这种方法是将点坐标代入 $y = ax^2 + bx + c(a \neq 0)$ 后，把问题归结为解一个三元一次方程组，求出待定系数 a、b、c，进而获得解析式。

跟踪训练1：已知抛物线 $y = -2x^2 + 8x - 9$ 的顶点为 A，若另一个二次函数的图像经过 A 点，且与 x 轴交于 B（0，0）、C（3，0）两点，试求这个二次函数的解析式。

【反思与感悟】

巧设二次函数的交点式，会求二次函数的顶点坐标。

例2：已知抛物线 $y = ax^2 + bx + c(a \neq 0)$ 的顶点是 A（-1，4），且经过点（1，2），求其解析式。

【反思与感悟】

只有一个待定的系数 a，将已知点代入即可求出，进而得到要求的解析式。

跟踪训练2：已知二次函数 $y = ax^2 + bx + c(a \neq 0)$，在 $x = 2$ 时有最大值2，其图像在 x 轴上截得的线段长为2，求这个二次函数的解析式。

【反思与感悟】

弦长型的问题有两种思路，一是利用对称性求出交点坐标，二是用弦长公式 $d = \dfrac{\sqrt{\Delta}}{|a|}$，就本题而言，可由对称性求得与 x 轴两交点坐标 A（1，0）、B（3，

0），再应用交点式或顶点式求得解析式。

2. **综合型**

例3：如图所示，抛物线 $y = \frac{1}{2}x^2 + (b+2)x + c$ 与 $y = \frac{1}{2}x^2 + (b-2)x + d$ ，其中一条的顶点为 P，另一条与 x 轴交于 M、N 点。

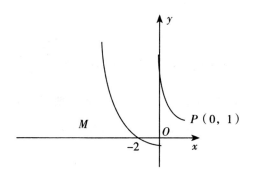

（1）试判定哪条抛物线与 x 轴交于 M、N 两点？

（2）求两条抛物线的解析式。

【反思与感悟】

两条抛物线的对称轴的位置关系是本题的突破口。

跟踪训练3：已知抛物线 $y = x^2 + bx + c$ 的对称轴在 y 轴的右侧，且抛物线与 y 轴交于 Q（0，-3），与 x 轴的交点为 A、B，顶点为 P，$\triangle PAB$ 的面积为 8，求其解析式。

【反思与感悟】

抛物线 $y = ax^2 + bx + c(a \neq 0)$ 的弦长公式为 $\frac{\sqrt{b^2 - 4ac}}{|a|}$.

例 4：已知二次函数 $y = x^2 - mx + 2m - 4$，如果抛物线与 x 轴相交的两个交点以及抛物线的顶点组成一个等边三角形，求其解析式。

【反思与感悟】

抛物线 $y = ax^2 + bx + c(a \neq 0)$ 的弦长公式为 $\dfrac{\sqrt{b^2 - 4ac}}{|a|}$.

跟踪训练 4： 已知抛物线 $y = -x^2 + px + q$ 与 x 轴交于 A、B 两点，与 y 轴交于 C 点，若 $\angle ACB = 90°$，且 $\tan\angle CAO - \tan\angle CBO = 2$，求其解析式。

【反思与感悟】

相似三角形对应边成比例，一元二次方程 $ax^2 + bx + c = 0(a \neq 0)$ 的根与系

数的关系为 $\begin{cases} x_1 + x_2 = -\dfrac{b}{a} \\ x_1 \cdot x_2 = \dfrac{c}{a} \end{cases}$.

专 项 训 练

一、选择题

1. 二次函数 $y = ax^2 + bx + c$ 的图像的顶点坐标为 $(-1, 3)$，与 y 轴交于点 $(0, 2)$，则此二次函数的解析式为(　　).

A. $y = x^2 - 2x + 2$　　　　　　　　B. $y = -2x^2 - x + 2$

C. $y = -x^2 - 2x + 2$　　　　　　　　D. $y = 2x^2 - x + 2$

2. 已知二次函数的图像过（1，0）、（2，0）、（0，2）三点，则该函数的解析式是(   ).

    A. $y = 2x^2 - x + 2$ B. $y = x^2 + 3x + 2$

    C. $y = x^2 - 2x + 3$ D. $y = x^2 - 3x + 2$

3. 已知二次函数，当 $x = 1$ 时，有最大值 5，抛物线与 y 轴交于点（0，3），那么该函数的解析式是(   ).

    A. $y = -x^2 + 2x + 3$ B. $y = -2x^2 + 4x + 3$

    C. $y = x^2 - 2x + 3$ D. $y = 2x^2 - 4x + 7$

4. 已知抛物线过点 A（-1，0）和 B（3，0）与 y 轴交于点 C，且 $BC = 3\sqrt{2}$，则这条抛物线的解析式为(   ).

    A. $y = -x^2 + 2x + 3$

    B. $y = -x^2 - 2x - 3$

    C. $y = x^2 + 2x - 3$ 或 $y = -x^2 + 2x + 3$

    D. $y = -x^2 + 2x + 3$ 或 $y = x^2 - 2x - 3$

5. 已知二次函数的图像与 y 轴交点为（0，a），与 x 轴的交点为（b，0）和（$-b$，0），若 $a > 0$，则函数的解析式为(   ).

    A. $y = \dfrac{a}{b^2}x^2 + a$

    B. $y = -\dfrac{a}{b^2}x^2 + a$

    C. $y = -\dfrac{a}{b^2}x - a$

    D. $y = \dfrac{a}{b^2}x^2 - a$

二、填空题

6. 已知抛物线的对称轴是 y 轴，且过点 A（-2，0）和 B（1，-2），那么这条抛物线的函数解析式是_____.

7. 已知抛物线的顶点是（1，-3），且经过点 P（2，0），则此抛物线的解析式是_____.

8. 已知抛物线的图像过 $(-1, -9)$、$(1, -3)$ 和 $(3, -5)$ 三点，则此抛物线的解析式是_____.

三、解答题

9. 已知二次函数的图像与一次函数 $y = 4x - 8$ 的图像有两个公共点 $P(2, m)$ 和 $Q(n, -8)$，如果抛物线的对称轴是 $x = -1$，求这个二次函数的解析式。

10. 如果抛物线 $y = -x^2 + 2(m+1)x + m + 1$ 与 x 轴交于 A、B 两点，且 A 点在 x 轴的正半轴，B 点在 x 轴的负半轴，OA 的长是 a，OB 的长是 b.

（1）求 m 的取值范围。

（2）若 $a:b = 3:1$，求 m 的值，并写出抛物线的解析式。

11. 已知：抛物线 $y = x^2 + (2k+1)x - k^2 + k$，设 x_1、x_2 是抛物线与 x 轴两个交点的横坐标，且满足 $x_1^2 + x_2^2 = -2k^2 + 2k + 1$.

（1）求抛物线的解析式。

（2）设点 $P(m_1, n_1)$、$Q(m_2, n_2)$ 是抛物线上两个不同的点，且关于此抛物线的对称轴对称，求 $m_1 + m_2$ 的值。

参考答案

例1：

解：设函数解析式为：$y = ax^2 + bx + c(a \neq 0)$

将三个点的坐标代入得：$\begin{cases} a - b + c = 10 \\ 4a + 2b + c = 7 \\ a + b + c = 4 \end{cases}$，解得 $\begin{cases} a = 2 \\ b = -3 \\ c = 5 \end{cases}$

故所求函数解析式为 $y = 2x^2 - 3x + 5$.

跟踪训练1：

解：设函数解析式为：$y = ax(x-3)(a \neq 0)$

又 $y = -2x^2 + 8x - 9 = -2(x-2)^2 - 1$ 的顶点 A（2，-1）.

将点 A 代入 $y = ax(x-3)(a \neq 0)$，

得 $a = \dfrac{1}{2}$，$\therefore y = \dfrac{1}{2}x(x-3)$，

即 $y = \dfrac{1}{2}x^2 - \dfrac{3}{2}x$.

例2：

解：因为顶点坐标为（-1，4），故解析式为 $y = a(x+1)^2 + 4(a \neq 0)$.

再将点（1，2）代入，求得 $a = -\dfrac{1}{2}$.

$\therefore y = -\dfrac{1}{2}(x+1)^2 + 4$，

即 $y = -\dfrac{1}{2}x^2 - x + \dfrac{7}{2}$.

跟踪训练2：

解：由 $x = 2$ 时有最大值和二次函数的对称性可知：该函数图像与 x 轴交于

A（1，0）、B（3，0）两点，

故设函数解析式为：$y = a(x-1)(x-3)(a \neq 0)$.

又过点（2，2），所以 $-a = 2$，

$\therefore a = -2$.

$\therefore y = -2(x-1)(x-3) = -2x^2 + 8x - 6$.

例 3：

解：(1) 抛物线 $y = \frac{1}{2}x^2 + (b+2)x + c$ 的对称轴为 $x = -b-2$，

抛物线 $y = \frac{1}{2}x^2 + (b-2)x + d$ 的对称轴为 $x = -b+2$.

$\because -b-2 < -b+2$

$\therefore y = -\frac{1}{2}x^2 + (b+2)x + c$ 与 x 轴交于 M，N 两点。

(2) 因 $y = \frac{1}{2}x^2 + (b-2)x + d$ 的顶点坐标为（0，1），

$\therefore \begin{cases} b-2=0 \\ d=1 \end{cases}$，

$\therefore \begin{cases} b=2 \\ d=1 \end{cases}$.

$\therefore y = \frac{1}{2}x^2 + 1$.

将 $b = 2$ 代入 $y = \frac{1}{2}x^2 + (b+2)x + c$ 得 $y = \frac{1}{2}x^2 + 4x + c$.

将点 N（-2，0）的坐标代入得 $c = 6$

$\therefore y = \frac{1}{2}x^2 + 4x + 6$.

跟踪训练 3：

解：将 Q（0，-3）代入 $y = x^2 + bx + c$ 得 $c = -3$，

$\therefore y = x^2 + bx - 3 = \left(x + \frac{b}{2}\right)^2 - 3 - \frac{b^2}{4}$.

由弦长公式，得 $AB = \sqrt{b^2 + 12}$，

点 P 的纵坐标为 $-3 - \dfrac{b^2}{4}$

由面积公式，得 $\dfrac{1}{2} \cdot \sqrt{b^2 + 12} \cdot \left| 3 + \dfrac{b^2}{4} \right| = 8$，

解得：$b = \pm 2$

因对称轴在 y 轴的右侧，$\therefore b = -2$.

所以解析式为 $y = x^2 - 2x - 3$.

例 4：

解：$y = x^2 - mx + 2m - 4 = \left(x - \dfrac{m}{2} \right)^2 - \dfrac{m^2}{4} + 2m - 4$，

由弦长公式，得 $AB = \sqrt{m^2 - 4(2m - 4)} = |m - 4|$，

顶点 C 的纵坐标为 $-\dfrac{(m-4)^2}{4}$，

$\because \triangle ABC$ 为等边三角形，

$\therefore \left| -\dfrac{(m-4)^2}{4} \right| = \dfrac{1}{2} \sqrt{3} \cdot |m - 4|$.

解得 $m = 4 \pm 2\sqrt{3}$ 或 $m = 4$，

故所求解析式为：$y = x^2 - (4 + 2\sqrt{3})x + 4 + 4\sqrt{3}$ 或 $y = x^2 - (4 - 2\sqrt{3})x +$

$4 - 4\sqrt{3}$ 或 $y = x^2 - 4m + 4$.

跟踪训练 4：

解：设 A、B 两点的横坐标分别为 x_1、x_2，

$x_1 + x_2 = p$，$x_1 x_2 = -q$

则 $q = (-x_1) \cdot x_2 = OA \cdot OB$，

由 $\triangle AOC \backsim \triangle COB$，可得 $OC^2 = OA \cdot OB$，

$\therefore q^2 = q$，解得 $q_1 = 1$，$q_2 = 0$（舍去），

又由 $\tan \angle CAO - \tan \angle CBO = 2$，得 $\dfrac{OC}{OA} - \dfrac{OC}{OB} = 2$，

即 $-\dfrac{1}{x_1}-\dfrac{1}{x_2}=2$，

$\therefore x_1+x_2=-2x_1x_2$，即 $p=2q=2$，

所以解析式为：$y=-x^2+2x+1$.

专项训练参考答案

一、选择题

1. 答案：C

解析：$\because$ 二次函数的图像的顶点坐标是（-1，3），

$\therefore$ 设这个二次函数的解析式为：$y=a(x+1)^2+3(a\neq0)$，

又与 y 轴交于点 P（0，2），

$\therefore a(0+1)^2+3=2$，

$\therefore a=-1$，

$\therefore$ 这个二次函数的解析式为 $y=-(x+1)^2+3=-x^2-2x+2$.

2. 答案：D

解析：$\because$ 二次函数的图像过（1，0）、（2，0）两点，

$\therefore$ 设这个二次函数的解析式为 $y=a(x-1)(x-2)(a\neq0)$，

又$\because$ 二次函数的图像过点（0，2），

$\therefore a(0-1)(0-2)=2$，

$\therefore a=1$

$\therefore$ 这个二次函数的解析式为：$y=(x-1)(x-2)=x^2-3x+2$.

3. 答案：B

解析：$\because$ 当 $x=1$ 时，有最大值5，

$\therefore$ 设这个二次函数的解析式为 $y=a(x-1)^2+5(a<0)$，

又$\because$ 抛物线与轴交于点（0，3）

$\therefore a(0-1)^2+5=3$，

$\therefore a=-2$，

∴ 这个二次函数的解析式为 $y = -2(x-1)^2 + 5 = -2x^2 + 4x + 3$.

4. 答案：D

解析：∵ 抛物线过点 A (-1, 0) 和 B (3, 0)，

∴ 设这个二次函数的解析式为 $y = a(x+1)(x-3)(a \neq 0)$，

又∵ 与 y 轴交于点 C，且 $BC = 3\sqrt{2}$，

∴ C (0, 3) 或 C (0, -3)，

∴ a ($0+1$) ($0-3$) $= 3$ 或 a ($0+1$) ($0-3$) $= -3$，

∴ $a = -1$ 或 $a = 1$，

∴ $y = -(x+1)(x-3) = -x^2 + 2x + 3$ 或 $y = (x+1)(x-3) = x^2 - 2x - 3$.

5. 答案：B

解析：∵ 二次函数与 x 轴的交点为 (b, 0) 和 ($-b$, 0)，

∴ 设这个二次函数的解析式为 $y = m(x-b)(x+b)(m \neq 0)$，

又∵ 二次函数的图像与 y 轴交点为 (0, a)，

∴ $m(0-b)(0+b) = a$，

∴ $m = -\dfrac{a}{b^2}$，

∴ $y = -\dfrac{a}{b^2}(x-b)(x+b) = -\dfrac{a}{b^2}x^2 + a$.

二、填空题

6. $y = \dfrac{2}{3}x^2 - \dfrac{8}{3}$

解析：由 A 点坐标及对称性得到：抛物线与 x 轴的另一个交点坐标为 C (2, 0)，

∴ 由两根式可以设抛物线解析式为 $y = a(x+2)(x-2)$，

将 B 点坐标代入得：a ($1+2$)($1-2$) $= -2$，

∴ $a = \dfrac{2}{3}$，

∴ 抛物线解析式为 $y = \dfrac{2}{3}(x+2)(x-2) = \dfrac{2}{3}x^2 - \dfrac{8}{3}$.

7. $y = 3x^2 - 6x$

解：∵ 二次函数的图像的顶点坐标是（1，-3），

∴ 设这个二次函数的解析式为 $y = a(x-1)^2 - 3$，

又经过点 P（2，0），

∴ $a(2-1)^2 - 3 = 0$，

∴ $a = 3$，

∴ 这个二次函数的解析式为 $y = 3(x-1)^2 - 3$，

即 $y = 3x^2 - 6x$.

8. $y = -x^2 + 3x - 5$

解：设函数解析式为 $y = ax^2 + bx + c(a \neq 0)$

将三个点的坐标代入得：$\begin{cases} a - b + c = -9 \\ a + b + c = -3 \\ 9a + 3b + c = -5 \end{cases}$，解得 $\begin{cases} a = -1 \\ b = 3 \\ c = -5 \end{cases}$，

故所求函数解析式为 $y = -x^2 + 3x - 5$.

三、解答题

9. 解：由二次函数与一次函数图像交于 P（2，m）和 Q（n，-8），

将 P（2，m）代入一次函数 $y = 4x - 8$ 中得：$m = 8 - 8$，解得：$m = 0$，

将 Q（n，-8）代入一次函数 $y = 4x - 8$ 中得：$-8 = 4n - 8$，解得：$n = 0$，

∴ P（2，0），Q（0，-8），

设二次函数解析式为 $y = ax^2 + bx - 8 = 0(a \neq 0)$，

由抛物线对称轴为直线 $x = -1$，得到 $-\dfrac{b}{2a} = -1$，即 $b = 2a$ ①，

将 P 的坐标代入抛物线解析式得：$0 = 4a + 2b - 8$ ②，

联立①②解得：$a = 1$，$b = 2$，

∴ 抛物线解析式为 $y = x^2 + 2x - 8$.

10. 解：（1）设 A 的坐标是（x_1，0），B 的坐标是（x_2，0），

则 $\begin{cases} \Delta = 4(m+1)^2 + 4(m+1) > 0 \\ x_1 \cdot x_2 = -(m+1) < 0 \end{cases}$，

解得：$\begin{cases} m < -2 \text{ 或 } m > -1 \\ m > -1 \end{cases}$，

$\therefore m > -1.$

（2）由 $a:b = 3:1$ 可以设 $OA = 3n$，则 $OB = n$，即 $A\,(3n,\,0)$，$B\,(-n,\,0)$

则 $\begin{cases} 3n + (-n) = 2(m+1) \\ 3n \cdot (-n) = -(m+1) \end{cases}$，

即 $\begin{cases} 2n = 2(m+1) \\ -3n^2 = -(m+1) \end{cases}$，

$\therefore n = 3n^2$，

$\therefore n = \dfrac{1}{3}$，

则 B 的坐标是 $B\left(-\dfrac{1}{3},\,0\right)$，

代入 $y = -x^2 + 2(m+1)x + m + 1$，

得：$m = -\dfrac{2}{3}$.

把 $m = -\dfrac{2}{3}$ 代入函数的解析得：$y = -x^2 + \dfrac{2}{3}x + \dfrac{1}{3}$.

11. 解：（1）由韦达定理知 $x_1^2 + x_2^2 = (x_1 + x_2)^2 - 2x_1 \cdot x_2 = (2k+1)^2 - 2(-k^2 + k) = 6k^2 + 2k + 1$，

$\therefore 6k^2 + 2k + 1 = -2k^2 + 2k + 1$，

解得：$k = 0$，

$\therefore$ 抛物线的解析式为 $y = x^2 + x$.

（2）因为 $P\,(m_1,\,n_1)$，$Q\,(m_2,\,n_2)$ 关于此抛物线的对称轴对称，

所以 $n_1 = n_2$，即 $m_1^2 + m_1 = m_2^2 + m_2$，

$\therefore (m_1 - m_2)(m_1 + m_2 + 1) = 0$，

$\because P\,(m_1,\,n_1)$，$Q\,(m_2,\,n_2)$ 是抛物线上两个不同的点，

$\therefore m_1 \neq m_2$，

$\therefore m_1 + m_2 = -1.$

第三节 一元二次函数的图像和性质

一、知识回顾与梳理

1. 二次函数：形如＿＿＿＿＿＿＿＿＿＿＿＿＿＿＿＿＿的
函数叫作二次函数。

2. 二次函数的解析式有以下几种形式：

（1）一般式：＿＿＿＿＿＿＿＿＿＿＿＿＿＿＿；

（2）顶点式：＿＿＿＿＿＿＿＿＿＿＿＿，其中＿＿＿＿为顶点；

（3）两根式：＿＿＿＿＿＿＿＿＿＿＿＿，其中＿＿＿＿是二次函数
图像与轴交点的横坐标。

二、方法与技巧

二次函数的性质可以分别通过图直观地表示出来。在今后解决二次函数问
题时，可以借助于函数图像、利用数形结合的思想方法来解决问题。

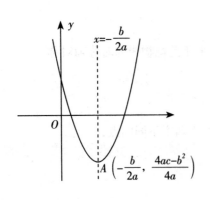
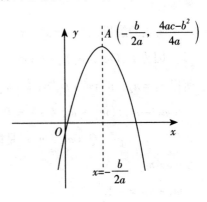

所以，根据 $y = ax^2 + bx + c(a \neq 0)$ 的图像可知，二次函数 $y = ax^2 + bx + c(a \neq 0)$ 具有下列性质：

（1）当 $a > 0$ 时，函数 $y = ax^2 + bx + c$ 图像开口向上；顶点坐标为 $\left(-\dfrac{b}{2a}, \dfrac{4ac - b^2}{4a}\right)$；对称轴为直线 $x = -\dfrac{b}{2a}$；当 $x < -\dfrac{b}{2a}$ 时，y 随着 x 的增大而减小；当 $x > -\dfrac{b}{2a}$ 时，y 随着 x 的增大而增大；当 $x = -\dfrac{b}{2a}$ 时，函数取最小值 $y = \dfrac{4ac - b^2}{4a}$.

（2）当 $a < 0$ 时，函数 $y = ax^2 + bx + c$ 图像开口向下；顶点坐标为 $\left(-\dfrac{b}{2a}, \dfrac{4ac - b^2}{4a}\right)$；对称轴为直线 $x = -\dfrac{b}{2a}$；当 $x < -\dfrac{b}{2a}$ 时，y 随着 x 的增大而增大；当 $x > -\dfrac{b}{2a}$ 时，y 随着 x 的增大而减小；当 $x = -\dfrac{b}{2a}$ 时，函数取最大值 $y = \dfrac{4ac - b^2}{4a}$.

三、典例剖析

例1：将二次函数 $y = 2x^2 + 4x + 1$ 的图像向下平移 3 个单位，再向右平移 2 个单位得到二次函数的解析式为_____.

【回顾与反思】

二次函数平移前和平移后的图像具有"形状相同，位置不同"的特点，故只需将顶点进行平移即可。

跟踪训练1：将二次函数 $y = x^2 + bx + c$ 的图像向左平移 2 个单位，再向上平移 3 个单位得到二次函数 $y = x^2 - 2x + 1$，则 b 与 c 分别等于(   ).

A. 2，−2   B. −6，6   C. −8，14   D. −8，18

例2：试画出函数 $y = x^2 - 2x + 3$，$x \in [0, 3)$ 的图像。

【回顾与反思】

作函数的图像要注意题目中给出的自变量的取值范围，根据自变量的取值范围要注意图像的局部性。

跟踪训练2：作出函数 $y = 2x^2 - 4x - 3(0 \leqslant x < 3)$ 的图像。

例3：已知函数 $f(x) = \begin{cases} x + 4, & x \leqslant 0 \\ x^2 - 2x, & 0 < x \leqslant 4. \\ -x + 2, & x > 4 \end{cases}$

（1）画出函数的图像。

（2）求 $f\{f[f(5)]\}$ 的值。

【回顾与反思】

作分段函数的图像时，分别作出各段的图像，在作每一段图像时，先不管自变量的范围的限制，作出其图像，再保留自变量范围内的图像即可，作图时要特别注意接点处点的虚实，保证不重不漏。

跟踪训练3：画出函数 $y = -x^2 + 2|x| + 1$ 的图像，并说明当 x 取何值时，y 随 x 增大而增大。

例4：已知函数 $y = x^2 - 2(1-a)x + 2$ 在 $(-\infty, 4]$ 上 y 随 x 增大而减小，则实数 a 的取值范围为_____．

【回顾与反思】

含参数的二次函数问题，注意参数在函数中的作用，充分结合图形，寻找解题思路。

跟踪训练4：已知函数 $y = x^2 - 2ax - 3$ 在区间 $[1, 2]$ 上 y 随 x 增大而增大或 y 随 x 增大而减小，求实数 a 的取值范围。

专 项 训 练

一、选择题

1. 已知函数 $f(x) = ax^2 + 2ax + 4(a > 0)$，若 $x_1 < x_2$，$x_1 + x_2 = 0$，则（　　）．

A. $f(x_1) < f(x_2)$

B. $f(x_1) = f(x_2)$

C. $f(x_1) > f(x_2)$

D. $f(x_1)$ 与 $f(x_2)$ 的大小不能确定

2. 设 $b > 0$，二次函数 $y = ax^2 + bx + a^2 - 1$ 的图像为下列之一，则 a 的值为（　　）．

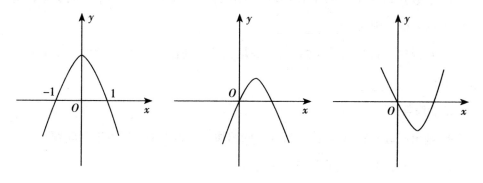

A. 1　　　　　　　　　　　　B. -1

C. $\dfrac{-1-\sqrt{5}}{2}$　　　　　　　　D. $\dfrac{-1+\sqrt{5}}{2}$

3. 若函数 $f(x)$ 的定义域为全体实数，且在 $(0，+\infty)$ 上 $f(x)$ 的值随 x 增大而减小，则下列不等式成立的是(　　).

A. $f\left(\dfrac{3}{4}\right)>f(a^2-a+1)$　　　　B. $f\left(\dfrac{3}{4}\right)\geqslant f(a^2-a+1)$

C. $f\left(\dfrac{3}{4}\right)<f(a^2-a+1)$　　　　D. $f\left(\dfrac{3}{4}\right)\leqslant f(a^2-a+1)$

4. 如果二次函数 $f(x)=x^2-(a-1)x+5$ 在区间 $\left(\dfrac{1}{2}，1\right)$ 上 $f(x)$ 的值随 x 增大而增大，则实数 a 的取值范围为(　　).

A. $(-\infty，2]$　　　　　　　B. $(-\infty，2)$

C. $(-\infty，0)$　　　　　　　D. $(-\infty，0]$

5. 设二次函数 $f(x)$ 图像关于 y 轴对称，在区间 $(-\infty，0)$ 上 $f(x)$ 的值随 x 随增大而增大，且 $f(2a^2+a+1)<f(2a^2-2a+3)$，则 a 的取值范围是(　　)．

A. $a<\dfrac{2}{3}$　　　　B. $a>\dfrac{2}{3}$　　　　C. $a>1$　　　　D. $a<1$

二、填空题

6. 已知二次函数 $y=2x^2-4x+3$，当 x 取 -2017、2018、2020 时的函数值分别为 a、b、c. 则 a、b、c 从大到小排列为＿＿＿＿＿＿＿.

7. 函数 $f(x)=x^2-4x+3(x\geqslant0)$ 的图像与直线 $y=m$ 有两个不同交点，则实数 m 的取值范围为＿＿＿＿＿＿.

8. 若函数 $f(x)=|x^2+2x-3|$ 满足 $f(x)$ 的值随 x 增大而增大，则 x 的取值范围是＿＿＿＿＿＿.

三、解答题

9. 画出函数 $f(x)=-x^2+2x+3$ 的图像，并根据图像回答下列问题：

（1）比较 $f(0)$、$f(1)$、$f(3)$ 的大小。

（2）若 $x_1 < x_2 < 1$ ，比较 $f(x_1)$ 与 $f(x_2)$ 的大小。

10. 已知：$f(x) = \begin{cases} x^2, & -1 \leqslant x \leqslant 1 \\ 1, & x > 1 \text{ 或 } x < -1 \end{cases}$.

（1）画出 $f(x)$ 的图像。

（2）若 $f(x) \geqslant \dfrac{1}{4}$ ，求 x 的取值范围。

11. 作出函数 $y = |x - 2|(x + 1)$ 的图像，说明函数 y 随 x 的变化而如何变化，并判断函数是否存在最大值和最小值。

参考答案

典例剖析及跟踪训练答案

例1：

解：$y = 2x^2 + 4x + 1 = 2(x + 1)^2 - 1$ ，故顶点为 $(-1, -1)$ ，先向下平移 3 个单位，再向右平移 2 个单位得点 $(1, -4)$

故原函数的图像的顶点为 $(1, -4)$.

∴ 函数的解析式为 $y = 2(x - 1)^2 - 4 = 2x^2 - 4x - 2$.

跟踪训练 1：

解：$y = x^2 - 2x + 1 = (x - 1)^2$，

故顶点为 $(1, 0)$，先向下平移 3 个单位，再向右平移 2 个单位得到点 $(3, -3)$，

故原函数的图像的顶点为 $(3, -3)$．

∴ $y = x^2 + bx + c = (x - 3)^2 - 3 = x^2 - 6x + 6$

∴ $b = -6$，$c = 6$

因此选 B．

例 2：

解：（配方法）$y = x^2 - 2x + 3 = (x - 1)^2 + 2$，由 $x \in [0, 3)$，

可得函数的图像，如下图所示：

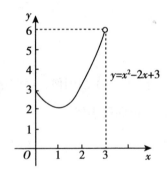

跟踪训练 2：

解：∵ $y = 2x^2 - 4x - 3 = 2(x - 1)^2 - 5$，

∴ 当 $x = 0$ 时，$y = -3$；当 $x = 3$ 时，$y = 3$；当 $x = 1$ 时，$y = -5$，所画函数图像如下图所示：

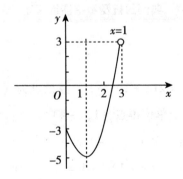

例 3：

解：（1）图像如下图所示：

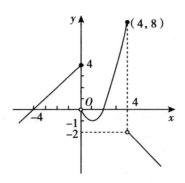

（2）∵ 5 > 4,

∴ $f(5) = -5 + 2 = -3$,

∵ $-3 < 0, f[f(5)] = f(-3) = -3 + 4 = 1$,

∵ $0 < 1 < 4$,

∴ $f\{f[f(5)]\} = -1$.

跟踪训练 3：

解：$y = \begin{cases} -x^2 + 2x + 1, & x \geq 0 \\ -x^2 - 2x + 1, & x < 0 \end{cases}$,

即 $y = \begin{cases} -(x-1)^2 + 2, & x \geq 0 \\ -(x+1)^2 + 2, & x < 0 \end{cases}$,

函数图像如下图所示，当 $x \in (-\infty, -1]$ 或 $[0, 1]$ 时，y 随 x 增大而增大。

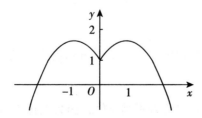

例 4：

解析：∵ $y = x^2 - 2(1-a)x + 2 = [x - (1-a)]^2 + 2 + (1-a)^2$

∴ 函数在 $(-\infty，1-a]$ 内 y 随 x 增大而减小。

又∵ 函数在 $(-\infty，4]$ 上 y 随 x 增大而减小，

∴ $1-a \geqslant 4$，即 $a \leqslant -3$，

∴ 所求实数 a 的取值范围是 $(-\infty，-3]$.

答案：$(-\infty，-3]$

跟踪训练4：

解：函数 $y = x^2 - 2ax - 3$ 的图像开口向上，对称轴为直线 $x = a$，画出草图如下图所示：

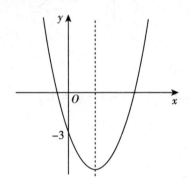

由图像可知函数在 $(-\infty，a]$ 上 y 随 x 增大而减小；在 $[a，+\infty)$ 上 y 随 x 增大而增大，因此要使函数符合题意，只需 $a \leqslant 1$ 或 $a \geqslant 2$ 即可，从而 $a \in (-\infty，1] \cup [2，+\infty)$.

专项训练参考答案

一、选择题

1. 答案：A

解析：∵ $f(x)$ 的对称轴为 $x = -1$，且开口朝上，结合图像可得。

2. 答案：B

解析：由于 $b > 0$ 可知对称轴不是 y 轴，函数图像不可能是第一个，其余图像均过原点可知 $a^2 - 1 = 0$ 即 $a = \pm 1$，结合对称轴在 y 轴右边可知。

3. 答案：B

解析：$\because f(x)$ 在 $(0,+\infty)$ 上 $f(x)$ 的值随 x 增大而减小，且 $a^2 - a + 1 = \left(a - \dfrac{1}{2}\right)^2 + \dfrac{3}{4} \geqslant \dfrac{3}{4} > 0$，

$\therefore f\left(\dfrac{3}{4}\right) \geqslant f\left(a^2 - a + 1\right)$.

4. 答案：A

解析：$\because$ 函数 $f(x) = x^2 - (a-1)x + 5$ 的对称轴为 $x = \dfrac{a-1}{2}$，且在区间 $\left(\dfrac{1}{2}, 1\right)$ 上 $f(x)$ 的值随 x 增大而增大，

$\therefore \dfrac{a-1}{2} \leqslant \dfrac{1}{2}$，即 $a \leqslant 2$.

5. 答案：B

解析：由二次函数 $f(x)$ 图像关于 y 轴对称，在区间 $(-\infty, 0)$ 上 $f(x)$ 的值随 x 增大而增大，可知在区间 $(0, +\infty)$ 上 $f(x)$ 的值随 x 增大而减小。

$\because 2a^2 + a + 1 = 2\left(a + \dfrac{1}{4}\right)^2 + \dfrac{7}{8} > 0$，

$2a^2 - 2a + 3 = 2\left(a - \dfrac{1}{2}\right)^2 + \dfrac{5}{2} > 0$，

且 $f(2a^2 + a + 1) < f(2a^2 - 2a + 3)$

$\therefore 2a^2 + a + 1 > 2a^2 - 2a + 3$，

即 $3a - 2 > 0$，解得 $a > \dfrac{2}{3}$.

二、填空题

6. $c > a > b$

解析：画出函数图像可知 $c > a > b$.

7. $-1 < m \leqslant 3$

解析：$f(x) = x^2 - 4x + 3\,(x \geqslant 0)$ 图像如下图所示：

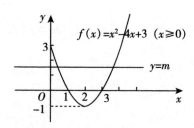

函数 $f(x)$ 的图像与直线 $y = m$ 有两个不同交点，

由图易知 $-1 < m \leqslant 3$.

8. $[-3, -1]$，$[1, +\infty]$

解析：令 $g(x) = x^2 + 2x - 3 = (x + 1)^2 - 4$.

先作出 $g(x)$ 的图像，保留其在 x 轴及 x 轴上方部分，把它在 x 轴下方的图像翻到 x 轴上方就得到 $f(x) = |x^2 + 2x - 3|$ 的图像，如下图所示：

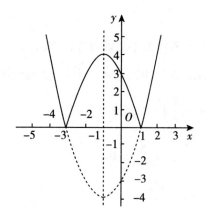

由图像易得：满足 $f(x)$ 的值随 x 增大而增大，则 x 的取值范围是 $[-3, -1]$，$[1, +\infty)$.

三、解答题

9. 解：因为函数 $f(x) = -x^2 + 2x + 3 = -(x - 1)^2 + 4$ 的函数图像如下图：

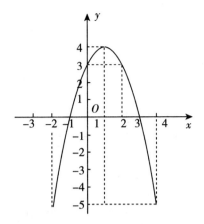

（1）根据图像，容易发现 $f(3) < f(0) < f(1)$．

（2）根据图像，容易发现当 $x_1 < x_2 < 1$，有 $f(x_1) < f(x_2)$．

10. 解：（1）利用描点法，作出 $f(x)$ 的图像，如下图所示：

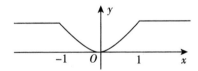

（2）由于 $f\left(\pm\dfrac{1}{2}\right) = \dfrac{1}{4}$，结合此函数图像可知，使 $f(x) \geqslant \dfrac{1}{4}$ 的 x 的取值范围是 $\left(-\infty,\ -\dfrac{1}{2}\right] \cup \left[\dfrac{1}{2},\ +\infty\right)$．

11. 解：当 $x - 2 \geqslant 0$，即 $x \geqslant 2$ 时，$y = (x-2)(x+1) = x^2 - x - 2 = \left(x - \dfrac{1}{2}\right)^2 - \dfrac{9}{4}$；

当 $x - 2 < 0$，即 $x < 2$ 时，$y = -(x-2)(x+1) = -x^2 + x + 2 = -\left(x - \dfrac{1}{2}\right)^2 + \dfrac{9}{4}$.

所以 $y = \begin{cases} \left(x - \dfrac{1}{2}\right)^2 - \dfrac{9}{4}, & x \geqslant 2 \\[2mm] -\left(x - \dfrac{1}{2}\right)^2 + \dfrac{9}{4}, & x < 2 \end{cases}$

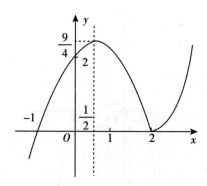

该分段函数的图像如上图。由图像可知，函数在 $\left(-\infty, \dfrac{1}{2}\right]$，$[2, +\infty)$

上 y 随 x 的增大而增大；在 $\left[\dfrac{1}{2}, 2\right]$ 上 y 随 x 的增大而减小。

观察函数图像，可知函数不存在最大值，也不存在最小值。

第四节　一元二次函数的最值

二次函数的最值，即最大值、最小值，是中学数学里非常重要的考查内容，是二次函数图像与性质的完美结合。初中重点考查在顶点处的最大（小）值，高中则更多侧重于类型和方法等方面对最值的探究。

一、知识回顾与梳理

二次函数 $y = ax^2 + bx + c(a \neq 0)$ 通过配方法得 $y = a\left(x + \dfrac{b}{2a}\right)^2 + \dfrac{4ac - b^2}{4a}$，

不妨设 $a > 0$，则：

1. 若 $x \in \mathbf{R}$，则函数有最小值，$y_{最小值} = f\left(-\dfrac{b}{2a}\right) = \dfrac{4ac - b^2}{4a}$.

2. 二次函数 $f(x) = ax^2 + bx + c(a > 0)$ 在区间 $[m, n]$ 内的最值情况：

（1）当 $-\dfrac{b}{2a} < m$ 时，$f(x)$ 在区间 $[m, n]$ 内随着自变量的增大而增大，最小值为 $f(m)$，最大值为 $f(n)$；

（2）当 $m \leqslant -\dfrac{b}{2a} \leqslant \dfrac{m+n}{2}$ 时，最小值为 $f\left(-\dfrac{b}{2a}\right)$，最大值为 $f(n)$；

（3）当 $\dfrac{m+n}{2} \leqslant -\dfrac{b}{2a} \leqslant n$ 时，最小值为 $f\left(-\dfrac{b}{2a}\right)$，最大值为 $f(m)$；

（4）当 $-\dfrac{b}{2a} > n$ 时，$f(x)$ 在区间 $[m, n]$ 内随着自变量的增大而减小，最大值为 $f(m)$，最小值为 $f(n)$.

对于 $a < 0$ 的情况，可以依照上面的解法数形结合得出相应的结论。

105

二、方法与技巧

二次函数最值问题其核心是定义域与函数对称轴之间相对位置关系的研究讨论。利用图像（开口方向、对称轴）来求解函数最值，对于含参数的二次函数，一定要抓住"三点一轴"，培养学生用数形结合的思想方法去求解。

三、典例剖析

例1：二次函数 $y = -x^2 + 2x + 4$ 的最大值为（　　）.

A. 3　　　　　　　　　　　　　B. 4

C. 5　　　　　　　　　　　　　D. 6

【回顾与反思】

对于定义域是 **R** 的二次函数，其最大值或最小值在其顶点处，所以顶点坐标为 $\left(-\dfrac{b}{2a}, \dfrac{4ac-b^2}{4a} \right)$.

跟踪训练1：当 k 分别取 0，1 时，函数 $y = (1-k)x^2 - 4x + 5 - k$ 都有最小值吗？写出你的判断，并说明理由。

例2：在二次函数 $y = x^2 - 2x - 3$ 中，当 $0 \leqslant x \leqslant 3$ 时，y 的最大值和最小值分别是（　　）.

A. 0，-4　　　　　　　　　　　B. 0，-3

C. -3，-4　　　　　　　　　　D. 0，0

【回顾与反思】

对于定义域不是 **R** 的二次函数，在求取最值时关键是利用函数图像，数形结合判定出图像中的最高点和最低点位置。

跟踪训练 2：已知 $2x^2 \leqslant 3x$，求函数 $f(x) = x^2 + x + 1$ 的最值。

例 3：求二次函数 $y = x^2 - 2x + 3$ 在区间 $[0, a]$ 上的最值，并求出此时 x 的值。

【回顾与反思】

对于定二次函数在动区间上的最值求取，特别注意数形结合的应用，以及讨论时做到不重、不漏。

跟踪训练 3：求函数 $y = -x(x - a)$ 在 $x \in [-1, a]$ 上的最大值。

例 4：求函数 $f(x) = x^2 + ax + 3$ 在 $0 \leqslant x \leqslant 1$ 上的最值。

【回顾与反思】

对二次函数在定区间上的求取最值，针对函数对称轴与条件中已知区间的相对位置关系分情况讨论，运用数形结合求取相应最值。

跟踪训练 4：已知二次函数 $f(x) = ax^2 + 4ax + a^2 - 1$ 在区间 $[-4, 1]$ 上的最大值为 5，求实数 a 的值。

专项训练

一、选择题

1. 已知二次函数 $y = 2x^2 - 3$，当 $-1 \leqslant x \leqslant 2$ 时，y 的取值范围是(　　).

A. $-1 \leqslant y \leqslant 5$ 　　　　　　　　B. $-5 \leqslant y \leqslant 5$

C. $-3 \leqslant y \leqslant 5$ 　　　　　　　　D. $-2 \leqslant y \leqslant 1$

2. 已知二次函数 $y = -x^2 + 2x + 3$，当 $x \geqslant 2$ 时，y 的取值范围是(　　).

A. $y \geqslant 3$ 　　　B. $y \leqslant 3$ 　　　C. $y > 3$ 　　　D. $y < 3$

3. 已知实数 x、y 满足 $x + y = 1$，则 xy 得最大值为(　　).

A. $\dfrac{1}{4}$ 　　　　B. $\dfrac{1}{2}$ 　　　　C. 2 　　　　D. 4

4. 已知二次函数 $y = ax^2 + 4x + a - 1$ 的最小值为 2，则 a 的值为(　　).

A. 3 　　　　B. -1 　　　　C. 4 　　　　D. 4 或 -1

5. 已知二次函数 $y = x^2 - 2mx$（m 为常数），当 $-1 \leqslant x \leqslant 2$ 时，函数值 y 的最小值为 -2，则 m 的值是(　　).

A. $-\dfrac{3}{2}$ 　　　B. $\sqrt{2}$ 　　　C. $\dfrac{3}{2}$ 或 $\sqrt{2}$ 　　　D. $-\dfrac{3}{2}$ 或 $\sqrt{2}$

二、填空题

6. 二次函数 $y = x^2 + 4x - 3$ 的最小值是＿＿＿＿.

7. 已知二次函数 $y = 2x^2 - 6x + 1$，当 $0 \leqslant x \leqslant 5$ 时，y 的取值范围是＿＿＿＿.

8. 函数 $y = x^2 + 2|x| + 2$ 的最小值是＿＿＿＿.

三、解答题

9. 求函数 $y = 3 - \sqrt{5x - 3x^2 - 2}$ 的最大值和最小值。

10. 已知函数 $y = x^2 + 2ax + a^2 - 1$ 在 $0 \leqslant x \leqslant 3$ 范围内有最大值 24，最小值 3，求实数 a 的值。

11. 某商场以每件 30 元的价格购进一种商品，试销中发现这种商品每天的销售量 m（件）与每件的销售价 x（元）满足一次函数 $m = 162 - 3x$，$30 \leqslant x \leqslant 54$.

（1）写出商场卖这种商品每天的销售利润 y 与每件销售价 x 之间的函数关系式。

（2）若商场要想每天获得最大销售利润，每件商品的售价定为多少最合适？最大销售利润为多少？

参考答案

典例剖析及跟踪训练答案

例 1：

答案：C

解析：将二次函数 $y = -x^2 + 2x + 4$ 配方可得：$y = -(x-1)^2 + 5$，当 $x = 1$ 时，y 有最大值，最大值是 5，故选 C.

跟踪训练 1：

解析：当 $k = 0$ 时，$y = x^2 - 4x + 5 = (x-2)^2 + 1$ 有最小值 1；当 $k = 1$ 时，$y = -4x + 4$，此时函数无最小值。

例 2：

答案：A

解析：将二次函数 $y = x^2 - 2x - 3$ 配方可得：$y = (x-1)^2 - 4$，因为 $0 \leqslant x \leqslant 3$，所以当 $x = 1$ 时，y 有最小值 -4；当 $x = 3$ 时，y 有最大值 0，故选 A.

跟踪训练 2：

解析：由已知 $2x^2 \leqslant 3x$，可得 $0 \leqslant x \leqslant \dfrac{3}{2}$，即函数 $f(x)$ 是定义在区间 $\left[0, \dfrac{3}{2}\right]$ 上的二次函数。将二次函数配方得：$f(x) = \left(x + \dfrac{1}{2}\right)^2 + \dfrac{3}{4}$，其对称轴方程为 $x = -\dfrac{1}{2}$，顶点坐标为 $\left(-\dfrac{1}{2}, \dfrac{3}{4}\right)$，且图像开口向上。显然其顶点横坐标不在区间 $\left[0, \dfrac{3}{2}\right]$ 内，如下图所示，函数 $f(x)$ 的最小值为 $f(0) = 1$，最大值为 $f\left(\dfrac{3}{2}\right) = \dfrac{19}{4}$.

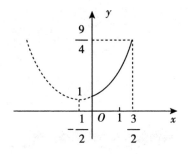

例 3：

解析：该二次函数图像为对称轴是 $x = 1$ 的开口向上的抛物线，

（1）当 $a \leqslant 1$ 时，函数在 $[0, a]$ 上函数值随着自变量的增大而减小。所以，当 $x = 0$ 时 y 有最大值 3；当 $x = a$ 时 y 有最小值 $a^2 - 2a + 3$.

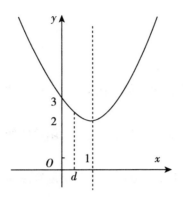

（2）当 $1 < a < 2$ 时，函数在 $[0，1]$ 上函数值随着自变量的增大而减小，在 $[1，a]$ 上函数值随着自变量的增大而增大。所以，当 $x = 1$ 时，y 有最小值 2；当 $x = 0$ 时，y 有最大值 3.

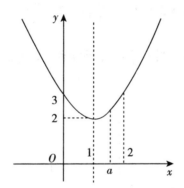

（3）当 $a \geqslant 2$ 时，函数在 $[0，1]$ 上函数值随着自变量的增大而减小，在 $[1，a]$ 上函数值随着自变量的增大而增大。所以，当 $x = 1$ 时，y 有最小值 2；当 $x = a$ 时，y 有最大值 $a^2 - 2a + 3$.

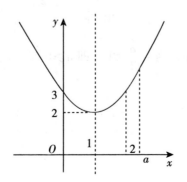

跟踪训练 3：

解析：$\because$ 函数图像对称轴为 $x = \dfrac{a}{2}$，$x \in \left[\,-1,\ a\,\right]$，

$\therefore a > -1$，$\dfrac{a}{2} > -\dfrac{1}{2}$，即对称轴在 $x = -\dfrac{1}{2}$ 的右边，故：

（1）当 $-1 < \dfrac{a}{2} \leqslant a$，即 $a \geqslant 0$ 时，由二次函数图像可知 $y_{\max} = f\left(\dfrac{a}{2}\right) = \dfrac{a^2}{4}$；

（2）当 $a < \dfrac{a}{2}$，即 $-1 < a < 0$ 时，由二次函数图像可知 $y_{\max} = f(a) = 0$.

综上所述：当 $a \geqslant 0$，$y_{\max} = \dfrac{a^2}{4}$；当 $-1 < a < 0$，$y_{\max} = 0$.

例 4：

函数 $f(x) = x^2 + ax + 3 = \left(x + \dfrac{a}{2}\right)^2 + 3 - \dfrac{a^2}{4}$，

（1）由图（1）可知，当 $-\dfrac{a}{2} \geqslant 1$，即 $a \leqslant -2$ 时，$y_{\max} = f(0) = 3$，$y_{\min} = f(1) = a + 4$.

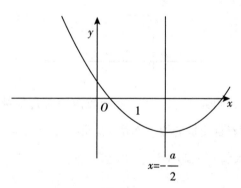

图（1）

（2）由图（2）可知，当 $-\dfrac{a}{2} \leqslant 0$，即 $a \geqslant 0$ 时，$y_{\max} = f(1) = a + 4$，$y_{\min} = f(0) = 3$.

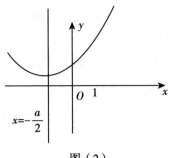

图（2）

（3）由图（3）可知，当 $0 \leqslant -\dfrac{a}{2} \leqslant \dfrac{1}{2}$，即 $-1 \leqslant a \leqslant 0$ 时，$y_{\max} = f(1) = a + 4$，$y_{\min} = f\left(-\dfrac{a}{2}\right) = 3 - \dfrac{a^2}{4}$.

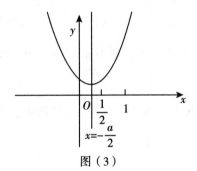

图（3）

（4）由图（4）可知，当 $\dfrac{1}{2} \leqslant -\dfrac{a}{2} \leqslant 1$，即 $-2 \leqslant a \leqslant -1$ 时，$y_{\max} = f(0) = 3$，$y_{\min} = f\left(-\dfrac{a}{2}\right) = 3 - \dfrac{a^2}{4}$.

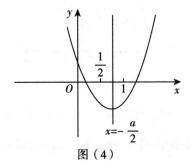

图（4）

跟踪训练4：

解析：将二次函数配方得：$f(x) = a(x+2)^2 + a^2 - 4a - 1$，其对称轴方程为 $x = -2$，顶点坐标为 $(-2, a^2 - 4a - 1)$，图像开口方向由 a 决定。很明显，其顶点横坐标在区间 $[-4, 1]$ 上。

若 $a < 0$，函数图像开口向下，如图（1）所示，当 $x = -2$ 时，函数取得最大值5.

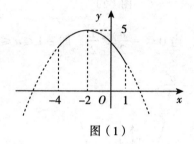

图（1）

即 $f(-2) = a^2 - 4a - 1 = 5$，解得 $a = 2 \pm \sqrt{10}$，故 $a = 2 - \sqrt{10}$（$a = 2 + \sqrt{10}$ 舍去）。

若 $a > 0$ 时，函数图像开口向上，如图（2）所示，当 $x = 1$ 时，函数取得最大值5.

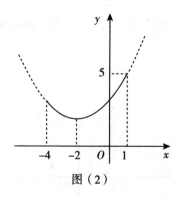

图（2）

即 $f(1) = 5a + a^2 - 1 = 5$，解得 $a = 1$ 或 $a = -6$，故 $a = 1$（$a = -6$ 舍去）。

综上讨论，函数 $f(x)$ 在区间 $[-4, 1]$ 上取得最大值5时，$a = 2 - \sqrt{10}$ 或 $a = 1$.

专项训练参考答案

一、选择题

1. 答案：C

2. 答案：B

3. 答案：A

解析：$xy = x(1 - x) = -x^2 + x = -\left(x - \dfrac{1}{2}\right)^2 + \dfrac{1}{4}$，$xy$ 的最大值为 $\dfrac{1}{4}$，故选 A.

4. 答案：C

解析：二次函数 $y = ax^2 + 4x + a - 1$ 有最小值为 2，所以 $\dfrac{4a(a-1) - 16}{4a} = 2$ 且 $a > 0$，解方程得：$a = 4$ 或 $a = -1$（舍去），故选 C.

5. 答案：D

解析：先将二次函数配方得：$y = (x - m)^2 - m^2$，根据二次函数图像和性质可知：

对称轴 $x = m$，由于对称轴位置不确定，所以分 $m < -1$，$m > 2$，$-1 \leqslant m \leqslant 2$ 三种情况，根据二次函数 y 的最小值为 -2，结合二次函数图像和性质进行解答，

①若 $m < -1$，当 $x = -1$ 时，$y_{min} = 1 + 2m = -2$，解得 $m = -\dfrac{3}{2}$；

②若 $m > 2$，当 $x = 2$ 时，$y_{min} = 4 - 4m = -2$，解得 $m = \dfrac{3}{2} < 2$（舍）；

③若 $-1 \leqslant m \leqslant 2$，当 $x = m$ 时，$y_{min} = -2$，解得 $m = \sqrt{2}$ 或 $m = -\sqrt{2} < -1$（舍），

综上所述，m 的值为 $-\dfrac{3}{2}$ 或 $\sqrt{2}$，因此正确选项是 D.

二、填空题

6. -7

7. $-\dfrac{7}{2} \le y \le 21$

解析：先将二次函数配方得：$y = 2\left(x - \dfrac{3}{2}\right)^2 - \dfrac{7}{2}$，根据二次函数图像和性质可知：

当 $0 \le x \le 5$ 时，$x = \dfrac{3}{2}$ 时 y 有最小值 $-\dfrac{7}{2}$，$x = 5$ 时 y 有最大值 21. 故答案是 $-\dfrac{7}{2} \le y \le 21$.

8. 2

解析：二次函数配方得：$y = (|x| + 1)^2 + 1$，$|x| \ge 0$，

∴ $(|x| + 1)^2 \ge 1$，y 有最小值为 2.

三、解答题

9. 当 $x = -\dfrac{5}{6}$ 时，$y_{\min} = 3 - \dfrac{\sqrt{3}}{6}$；当 $x = \dfrac{2}{3}$ 或 1 时，$y_{\max} = 3$.

10. 解析：配方 $y = (x + a)^2 - 1$，函数的对称轴为直线 $x = -a$，顶点坐标为 $(-a, -1)$，

① 当 $0 \le -a \le 3$ 即 $-3 \le a \le 0$ 时函数最小值为 -1，不合题意，

② 当 $-a < 0$ 即 $a > 0$ 时，$x = 3$ 时，y 有最大值；$x = 0$ 时，y 有最小值。

即 $\begin{cases} 9 + 6a + a^2 - 1 = 24 \\ a^2 - 1 = 3 \end{cases}$ 解之得：$a = 2$.

③ 当 $-a > 3$ 即 $a < -3$ 时，$x = 3$ 时，y 有最小值；$x = 0$ 时，y 有最大值。

即 $\begin{cases} a^2 - 1 = 24 \\ 9 + 6a + a^2 - 1 = 3 \end{cases}$ 解之得：$a = -5$.

∴ 实数 a 的值为 2 或 -5.

11. 解析：（1）由已知可得，每件商品的销售利润为 $(x - 30)$ 元，那么 m 件的销售利润为 $y = m(x - 30) = (162 - 3x)(x - 30)$，

∴ $y = -3x^2 + 252x - 4860$，$30 \le x \le 54$.

（2）由 $y = -3x^2 + 252x - 4860$ 知，y 是关于 x 的二次函数，对其右边进行

配方得 $y = -3\ (x-42)^2 + 432$，

　　∴当 $x = 42$ 时，y 有最大值，最大值 $y = 432$，

　　∴当每件商品的售价定为 42 元时每天有最大销售利润，最大销售利润为 432 元。

第五节　一元二次方程的实根分布

一元二次方程是高中数学中极其重要的内容，本节内容与一元二次不等式，二次函数等内容有着直接而密切的联系。设方程 $ax^2 + bx + c = 0(a \neq 0)$ 的两根为 x_1、x_2 且 $x_1 < x_2$，相应的二次函数为 $f(x) = ax^2 + bx + c$，方程的根即为二次函数图像与 x 轴的交点，一元二次方程实根分布问题即一元二次方程根的情况的分析。

一、知识回顾与梳理

（1）根与零点：对于函数 $y = f(x)$，使得 $f(x) = 0$ 的实数 x 叫作函数 $f(x)$ 的零点，即零点不是点。这样，函数 $y = f(x)$ 的零点就是方程 $f(x) = 0$ 的实数根，也就是函数 $y = f(x)$ 的图像与 x 轴的交点的横坐标。

（2）可以从 $y = ax^2 + bx + c$ 的图像上进行研究，部分问题也可选择根与系数关系的方法解决。

二、方法与技巧

1. 零分布

所谓一元二次方程根的零分布，指的是方程的根相对于零的关系。比如二次方程有一正根，有一负根，其实就是指这个二次方程一个根比零大，一个根比零小，或者说，这两个根分布在零的两侧。

1. 设一元二次方程 $ax^2 + bx + c = 0(a \neq 0)$ 的两个实根为 x_1、x_2，且 $x_1 \leqslant x_2$.

(1) 当 $a>0$ 时，$x_1>0$，$x_2>0 \Leftrightarrow \begin{cases} \Delta=b^2-4ac\geqslant 0 \\ -\dfrac{b}{2a}>0 \\ f(0)=c>0 \end{cases} \Leftrightarrow \begin{cases} \Delta=b^2-4ac\geqslant 0 \\ x_1+x_2=-\dfrac{b}{a}>0 \\ x_1 \cdot x_2=\dfrac{c}{a}>0 \end{cases}$

当 $a<0$ 时，$x_1>0$，$x_2>0 \Leftrightarrow \begin{cases} \Delta=b^2-4ac\geqslant 0 \\ -\dfrac{b}{2a}>0 \\ f(0)=c<0 \end{cases} \Leftrightarrow \begin{cases} \Delta=b^2-4ac\geqslant 0 \\ x_1+x_2=-\dfrac{b}{a}>0 \\ x_1 \cdot x_2=\dfrac{c}{a}>0 \end{cases}$

上述推论结合二次函数图像不难得到。

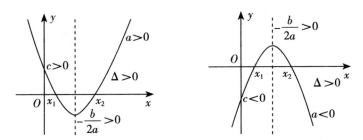

(2) 当 $a>0$ 时，$x_1<0$，$x_2<0 \Leftrightarrow \begin{cases} \Delta=b^2-4ac\geqslant 0 \\ -\dfrac{b}{2a}<0 \\ f(0)=c>0 \end{cases} \Leftrightarrow \begin{cases} \Delta=b^2-4ac\geqslant 0 \\ x_1+x_2=-\dfrac{b}{a}<0 \\ x_1 \cdot x_2=\dfrac{c}{a}>0 \end{cases}$

当 $a<0$ 时，$x_1<0$，$x_2<0 \Leftrightarrow \begin{cases} \Delta=b^2-4ac\geqslant 0 \\ -\dfrac{b}{2a}<0 \\ f(0)=c<0 \end{cases} \Leftrightarrow \begin{cases} \Delta=b^2-4ac\geqslant 0 \\ x_1+x_2=-\dfrac{b}{a}<0 \\ x_1 \cdot x_2=\dfrac{c}{a}>0 \end{cases}$

由二次函数图像易知它的正确性。

(3) 当 $a\neq 0$ 时，$x_1<0<x_2 \Leftrightarrow \dfrac{c}{a}<0$.

(4) 当 $a\neq 0$ 时，① $x_1=0$，$x_2>0 \Leftrightarrow c=0$ 且 $\dfrac{b}{a}<0$.

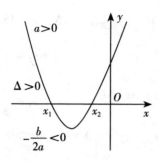
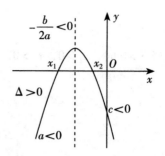

当 $a \neq 0$ 时，② $x_1 < 0$，$x_2 = 0 \Leftrightarrow c = 0$ 且 $\dfrac{b}{a} > 0$.

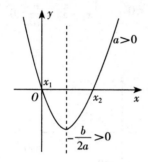
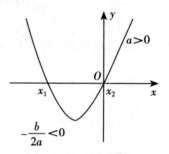

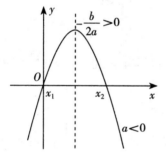
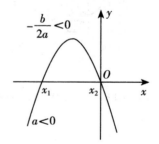

2. k 分布

设一元二次方程 $ax^2 + bx + c = 0 (a \neq 0)$ 的两实根为 x_1、x_2，且 $x_1 \leqslant x_2$，k 为常数。则一元二次方程根的 k 分布（即 x_1、x_2 相对于 k 的位置）有以下若干类型：

(1) 当 $a \neq 0$ 时，$k < x_1 \leqslant x_2 \Leftrightarrow \begin{cases} \Delta = b^2 - 4ac \geqslant 0 \\ -\dfrac{b}{2a} > k \\ a \cdot f(k) > 0 \end{cases} \Leftrightarrow \begin{cases} \Delta = b^2 - 4ac \geqslant 0 \\ (x_1 - k) + (x_2 - k) > 0 \\ (x_1 - k) \cdot (x_2 - k) > 0 \end{cases}$

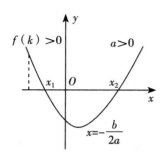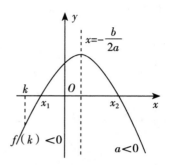

$$(2)\ 当\ a\neq 0\ 时,\ x_1\leqslant x_2<k \Leftrightarrow \begin{cases} \Delta=b^2-4ac\geqslant 0 \\ -\dfrac{b}{2a}<k \\ a\cdot f(k)>0 \end{cases} \Leftrightarrow \begin{cases} \Delta=b^2-4ac\geqslant 0 \\ (x_1-k)+(x_2-k)<0 \\ (x_1-k)\cdot(x_2-k)>0 \end{cases}$$

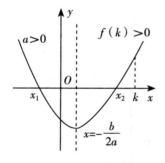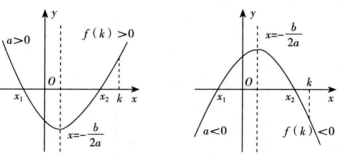

$(3)\ x_1<k<x_2 \Leftrightarrow a\cdot f(k)<0.$

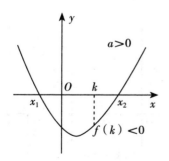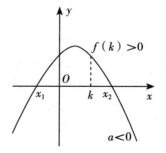

（4）有且仅有 $k_1 < x_1$（或 x_2）$< k_2 \Leftrightarrow f(k_1) f(k_2) < 0.$

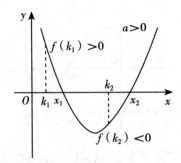 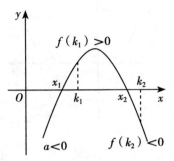

（5）$k_1 < x_1 < k_2 \leqslant p_1 < x_1 < p_2 \Leftrightarrow$
$\begin{cases} a > 0 \\ f(k_1) > 0 \\ f(k_2) < 0 \\ f(p_1) < 0 \\ f(p_2) > 0 \end{cases}$ 或 $\begin{cases} a < 0 \\ f(k_1) < 0 \\ f(k_2) > 0 \\ f(p_1) > 0 \\ f(p_2) < 0 \end{cases}$

（6）$k_1 < x_1 \leqslant x_2 < k_2 \Leftrightarrow$
$\begin{cases} \Delta = b^2 - 4ac \geqslant 0 \\ a > 0 \\ f(k_1) > 0 \\ f(k_2) > 0 \\ k_1 < -\dfrac{b}{2a} < k_2 \end{cases}$ 或 $\begin{cases} \Delta = b^2 - 4ac \geqslant 0 \\ a < 0 \\ f(k_1) < 0 \\ f(k_2) < 0 \\ k_1 < -\dfrac{b}{2a} < k_2 \end{cases}$

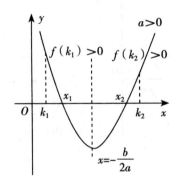 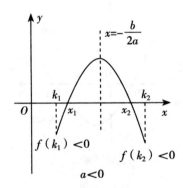

三、典例剖析

例 1：已知方程 $2x^2 - (m+1)x + m = 0$ 有两个不等正实根，求实数 m 的取值范围。

【回顾与反思】

本题为一元二次方程实根分布的根均大于定值的情况，韦达定理和数形结合的方式都可以很快的解决本类问题。

跟踪训练 1：已知方程 $2x^2 - (m+1)x + m = 0$ 有两个不等且均大于 1 的实根，求实数 m 的取值范围。

例 2：已知二次方程 $(2m+1)x^2 - 2mx + (m-1) = 0$ 有一正根和一负根，求 m 的取值范围。

【回顾与反思】

本题为一元二次方程实根分布的根在一个定值左右两侧的情况，韦达定理和数形结合的方式都可以很快的解决本类问题。

跟踪训练 2：二次方程 $mx^2 + (2m-3)x + 4 = 0$ 只有一个正根且这个根小于 1，求实数 m 的取值范围。

例3：已知关于 x 的二次方程 $x^2 + 2mx + 2m + 1 = 0$.

（1）若方程有两根，其中一根在区间（-1，0）内，另一根在区间（1，2）内，求 m 的范围。

（2）若方程两根均在区间（0，1）内，求 m 的范围。

【回顾与反思】

要求熟知方程的根对于二次函数性质所具有的意义。用二次函数的性质对方程的根进行限制时，条件不严谨是解答本题的难点。设出二次方程对应的函数，可画出相应的示意图，然后用函数性质加以限制。

跟踪训练3：已知关于 x 的方程为 $7x^2 - (a + 13)x + a^2 - a - 2 = 0$ 的两个实根为 α，β.

（1）若一根小于 0，另一根大于 2，求实数 a 的取值范围。

（2）若 $0 < \alpha < 1 < \beta < 2$，求实数 a 的取值范围。

例4：已知二次函数 $f(x) = x^2 - 2ax + 3$.

（1）若 $f(x) = 0$ 在区间 $[0，4]$ 上有根，求 a 的取值范围。

（2）若 $y = f(x)$ 在区间 $[1，4]$ 内存在 x_0，使 $f(x_0) > 0$，求 a 的取值范围。

【回顾与反思】

本题为根的分布综合问题，第一问需要分有一根和有两根分类讨论，第二问由于分类情况较多，选择正难则反的思想加以处理，使分类情况减少，便于处理。

跟踪训练4：若方程 $2ax^2 - x - 1 = 0$ 在（0，1）恰有一个解，则实数 a 的取值范围是(　　).

A. $a < -1$　　　　　　　　B. $a > 1$

C. $-1 < a < 1$　　　　　　D. $0 \leqslant a < 1$

专项训练

一、选择题

1. 一元二次方程 $x^2 + x + m = 0$ 有实数解的 m 的取值范围是(　　).

A. $m < \dfrac{1}{4}$　　　B. $m \leqslant \dfrac{1}{4}$　　　C. $0 < m \leqslant \dfrac{1}{4}$　　　D. $m > \dfrac{1}{4}$

2. 一元二次方程 $(1 - k)x^2 - 2x - 1 = 0$ 有两个不相等的实数根，则实数 k 的取值范围是(　　).

A. $k > 0$　　　　　　　　B. $k < 2$ 且 $k \neq 1$

C. $k < 0$　　　　　　　　D. $k > 0$ 且 $k \neq 1$

3. 下列条件可以推出一元二次方程 $ax^2 + 2x + 1 = 0(a \neq 0)$ 有一个正根和一个负根的是(　　).

A. $a < 0$　　　B. $a > 0$　　　C. $a < -1$　　　D. $a > 1$

4. 方程 $x^2 + (m - 1)x + (m - 2) = 0$ 的两个根都比1小，则实数 m 的取值范围是(　　).

A. $m < -1$　　　　　　　　B. $-1 < m < 0$

C. $-2 < m < 0$　　　　　　D. $m > 1$

5. 已知关于 x 的方程 $(m + 3)x^2 - 4mx + 2m - 1 = 0$ 的两根异号，且负根的绝对值大于正根，则实数 m 的取值范围是(　　).

A. $(-3, 0)$ B. $(0, 3)$

C. $(-\infty, -3) \cup (0, +\infty)$ D. $(-\infty, 0) \cup (3, +\infty)$

二、填空题

6. 关于 x 的一元二次方程 $mx^2 + (m-1)x + m = 0$ 有实根，则实数 m 的取值范围是_____．

7. 关于 x 的方程 $x^2 + (m-1)x + (m+2) = 0$ 两根均在 $(3, 4)$ 内，则 m 的取值范围是_____．

8. 已知二次函数 $f(x) = 4x^2 - 2(p-2)x - 2p^2 - p + 1$，若在区间 $[-1, 1]$ 内至少存在一个实数 c，使 $f(x) > 0$，则实数 p 的取值范围是_____．

三、解答题

9. 如果二次函数 $y = mx^2 + (m-3)x + 1$ 的图像与 x 轴的交点至少有一个在原点的右侧，试求 m 的取值范围。

10. 求实数 m 的取值范围，使关于 m 的方程 $x^2 + 2(m-1)x + 2m + 6 = 0$．

(1) 有两个实根，且一根小于 2，另一根大于 2．

(2) 有两个实根 α，β 且 $0 < \alpha < 1 < \beta < 4$．

11. 方程 $x^2 - \dfrac{3}{2}x = k$ 在 $(-1, 1)$ 上有实根，求 k 的取值范围。

参考答案

典例剖析及跟踪训练答案

例 1：

解：方法一：（韦达定理）由题可知：

$$\begin{cases} \Delta = (m+1)^2 - 8m > 0 \\ x_1 + x_2 = \dfrac{m+1}{2} > 0 \\ x_1 \cdot x_2 = \dfrac{m}{2} > 0 \end{cases} \Rightarrow m \in (0, 3-2\sqrt{2}) \cup (3+2\sqrt{2}, +\infty).$$

方法二：（数形结合）由题可知：

$$\begin{cases} \Delta = (m+1)^2 - 8m > 0 \\ \dfrac{m+1}{2} > 0 \\ f(0) = m > 0 \end{cases} \Rightarrow m \in (0, 3-2\sqrt{2}) \cup (3+2\sqrt{2}, +\infty).$$

跟踪训练 1：

解：方法一：（韦达定理）由题可知：

$$\begin{cases} \Delta = (m+1)^2 - 8m > 0 \\ (x_1 - 1) + (x_2 - 1) = x_1 + x_2 - 2 = \dfrac{m-3}{2} > 0 \\ (x_1 - 1) \cdot (x_2 - 1) = x_1 \cdot x_2 - (x_1 + x_2) + 1 = \dfrac{1}{2} > 0 \end{cases}$$

$$\Rightarrow m \in (3+2\sqrt{2}, +\infty).$$

方法二：（数形结合）由题可知：

$$\begin{cases} \Delta = (m+1)^2 - 8m > 0 \\ \dfrac{m+1}{4} > 1 \\ f(1) = 1 > 0 \end{cases} \Rightarrow m \in (3+2\sqrt{2}, +\infty).$$

例2：

解：方法一：（韦达定理）由题可知：

$$\begin{cases} 2m+1 \neq 0 \\ \Delta = 4m^2 - 4(2m+1)(m-1) > 0 \\ x_1 \cdot x_2 = \dfrac{m-1}{2m+1} < 0 \end{cases} \Rightarrow -\dfrac{1}{2} < m < 1.$$

方法二：（数形结合）由题可知：

$$(2m+1) \cdot f(0) < 0 \Rightarrow -\dfrac{1}{2} < m < 1.$$

跟踪训练2：

解：由题意可知，方程在区间（0，1）上只有一个正根，则 $f(0) \cdot f(1) <$

$0 \Rightarrow 4(3m+1) < 0 \Rightarrow m < -\dfrac{1}{3}$ 即为所求范围。

（注：本题对于可能出现的特殊情况方程有且只有一根且这个根在（0，1）

内，由 $\Delta = 0$ 计算检验，均不符合题意，计算量稍大。）

例3：

解：（1）由题意可知，抛物线 $f(x) = x^2 + 2mx + 2m + 1$ 与 x 轴的交点分别

在区间（-1，0）和（1，2）内，画出示意图，得：

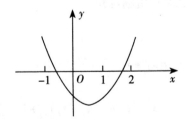

$$\begin{cases} f(0) = 2m+1 < 0 \\ f(-1) = 2 > 0 \\ f(1) = 4m+2 < 0 \\ f(2) = 6m+5 > 0 \end{cases} \Rightarrow \begin{cases} m < -\dfrac{1}{2} \\ m \in \mathbf{R} \\ m < -\dfrac{1}{2} \\ m > -\dfrac{5}{6} \end{cases}$$

$$\therefore -\frac{5}{6} < m < -\frac{1}{2}.$$

（2）根据抛物线与 x 轴交点落在区间（0，1）内，列不等式组 $\begin{cases} f(0) > 0 \\ f(1) > 0 \\ \Delta \geq 0 \\ 0 < -m < 1 \end{cases}$

$$\Rightarrow \begin{cases} m > -\dfrac{1}{2}, \\ m > -\dfrac{1}{2}, \\ m \geq 1 + \sqrt{2} \text{或} m \leq 1 - \sqrt{2}, \\ -1 < m < 0. \end{cases}$$

$$\therefore -\frac{1}{2} < m \leq 1 - \sqrt{2}.$$

（这里 $0 < -m < 1$ 是因为对称轴 $x = -m$ 应在区间（0，1）内。）

跟踪训练 3：

解：（1）由题意可知，$\begin{cases} f(0) < 0 \\ f(2) < 0 \end{cases} \Rightarrow \begin{cases} a^2 - a - 2 < 0 \\ a^2 - 3a < 0 \end{cases} \Rightarrow \begin{cases} -1 < a < 2 \\ 0 < a < 3 \end{cases} \Rightarrow a \in$

（0，2）．

（2）由题意可知，$\begin{cases} f(0) > 0 \\ f(2) > 0 \\ f(1) < 0 \end{cases} \Rightarrow \begin{cases} a^2 - a - 2 > 0 \\ a^2 - 3a > 0 \\ a^2 - 2a - 8 < 0 \end{cases} \Rightarrow \begin{cases} a < -1, \ a > 2 \\ a < 0, \ a > 3 \\ -2 < a < 4 \end{cases} \Rightarrow a \in$

（-2，-1）∪（3，4）．

例 4：

解：（1）因为 $f(0) > 0$，由题可知，只需 $f(4) \leq 0$ 或 $\begin{cases} \Delta = 4a^2 - 12 \geq 0 \\ 0 < a < 4 \\ f(4) > 0 \end{cases}$，

解得：

$a \geqslant \dfrac{19}{8}$ 或 $\sqrt{3} \leqslant a < \dfrac{19}{8}$，综上 $a \in \left[\sqrt{3},\ +\infty\right)$．

(2)（正难则反），先研究不存在 x_0，使 $f(x_0) > 0$，

若不存在则只需 $\begin{cases} f(1) \leqslant 0 \\ f(4) \leqslant 0 \end{cases} \Rightarrow \begin{cases} 4 - 2a \leqslant 0 \\ 19 - 8a \leqslant 0 \end{cases} \Rightarrow a \in \left[\dfrac{19}{8},\ +\infty\right)$，

故满足题意的 a 的取值范围是 $a \in \left(-\infty,\ \dfrac{19}{8}\right)$．

跟踪训练 4：

答案：B

解析：方法一：① 若 $a = 0$ 时，方程的根为 $x = -1$ 不成立。

② 若 $a > 0$ 时，因为 $f(0) < 0$，只需 $f(1) > 0$ 即可，解得 $a > 1$．

③ 若 $a < 0$ 时，因为 $f(0) < 0$，只需 $f(1) > 0$ 即可，解得 $a > 1$，不成立。

综上所述：$a \in (1,\ +\infty)$

方法二：由题 $2a = \dfrac{x+1}{x^2} = \dfrac{1}{x^2} + \dfrac{1}{x} = \left(\dfrac{1}{x} + \dfrac{1}{2}\right)^2 - \dfrac{1}{4}$，

令 $t = \dfrac{1}{x}$，$t > 1$，则 $2a = \left(t + \dfrac{1}{2}\right)^2 - \dfrac{1}{4}$，因为 $f(t) = \left(t + \dfrac{1}{2}\right)^2 - \dfrac{1}{4}$ 在 $t > 1$

上随 t 的变大而变大，且 $f(t) \in (2,\ +\infty)$，故只需 $2a \in (2,\ +\infty)$，即 $a \in (1,\ +\infty)$．

专项训练参考答案

一、选择题

1. 答案：B

解析：$\Delta = 1 - 4m \geqslant 0 \Rightarrow m \leqslant \dfrac{1}{4}$

2. 答案：B

解析：由题意可知，$\begin{cases} k \neq 0 \\ 4 + 4(1-k) > 0 \end{cases} \Rightarrow k < 2$ 且 $k \neq 1$．

3. 答案：**A**

解析：由题意可知，$\begin{cases} a < 0 \\ f(0) > 0 \end{cases} \Rightarrow a < 0.$

4. 答案：**D**

解析：

法一：由题意可知，$\begin{cases} \Delta = (m-1)^2 - 4(m-2) \geqslant 0 \\ \dfrac{-m+1}{2} < 1 \\ f(1) > 0 \end{cases} \Rightarrow m > 1.$

法二：$\begin{cases} \Delta = (m-1)^2 - 4(m-2) \geqslant 0 \\ (x_1 - 1)(x_2 - 1) = x_1 x_2 - (x_1 + x_2) + 1 = 2m - 2 > 0 \\ (x_1 - 1) + (x_2 - 1) < 0 \end{cases} \Rightarrow m > 1.$

5. 答案：**A**

解析：

由题意可知，$\begin{cases} m + 3 \neq 0 \\ \Delta = 16m^2 - 4(m+3)(2m-1) > 0 \\ x_1 + x_2 = \dfrac{4m}{m+3} < 0 \\ x_1 \cdot x_2 = \dfrac{2m-1}{m+3} < 0 \end{cases} \Rightarrow -3 < m < 0.$

二、填空题

6. 答案：$-1 \leqslant m < 0$ 或 $0 < m \leqslant \dfrac{1}{3}$

解析：由题意可知，$\begin{cases} m \neq 0 \\ \Delta = (m-1)^2 - 4m^2 \geqslant 0 \end{cases} \Rightarrow -1 \leqslant m < 0$ 或 $0 < m \leqslant \dfrac{1}{3}.$

7. 答案：m 不存在

解析：由题意可知，$\begin{cases} \Delta = (m-1)^2 - 4(m+2) \geqslant 0 \\ 3 < -\dfrac{m-1}{2} < 4 \\ f(3) > 0 \\ f(4) > 0 \end{cases} \Rightarrow m$ 不存在。

8. $p \in \left(-3, \dfrac{3}{2} \right)$

解析：只需 $f(1) = -2p^2 - 3p + 9 > 0$ 或 $f(-1) = -2p^2 + p + 1 > 0$，

即 $-3 < p < \dfrac{3}{2}$ 或 $-\dfrac{1}{2} < p < 1$，

$\therefore p \in \left(-3, \dfrac{3}{2} \right)$.

三、解答题

9. 解：$\because f(0) = 1 > 0$

（1）当 $m < 0$ 时，二次函数图像与 x 轴有两个交点且分别在 y 轴两侧，符合题意。

（2）当 $m > 0$ 时，则 $\begin{cases} \Delta = (m-3)^2 - 4m \geqslant 0 \\ \dfrac{3-m}{m} > 0 \end{cases}$ 解得 $0 < m \leqslant 1$.

综上所述，m 的取值范围是 $\{m \mid m \leqslant 1$ 且 $m \neq 0\}$.

10. 解：（1）由题意可知，$f(2) = 6m + 6 < 0 \Rightarrow m < -1$.

（2）由题意可知，$\begin{cases} f(0) > 0 \\ f(4) > 0 \\ f(1) < 0 \end{cases} \Rightarrow -\dfrac{7}{5} < m < -\dfrac{5}{4}$.

11. 方法一：由题意可转化为方程 $x^2 - \dfrac{3}{2}x - k = 0$，在 $(-1, 1)$ 有实根，即

$f(-1)f(1) < 0$ 或 $\begin{cases} \Delta = \dfrac{9}{4} + 4 \geqslant 0 \\ f(-1) > 0 \\ f(1) > 0 \end{cases}$，可以推出 $-\dfrac{9}{16} \leqslant k < \dfrac{5}{2}$.

方法二：$k = x^2 - \dfrac{3}{2}x = \left(x - \dfrac{3}{4} \right)^2 - \dfrac{9}{16}$，做出 $y = \left(x - \dfrac{3}{4} \right)^2 - \dfrac{9}{16}$ 在 $(-1, 1)$ 上的图像，由数形结合可知：$-\dfrac{9}{16} \leqslant k < \dfrac{5}{2}$.

第六节　一元二次函数的综合应用

三个"二次"即一元二次函数、一元二次方程、一元二次不等式是中学数学的重要内容，具有丰富的内涵和密切的联系，同时也是研究包含二次曲线在内的许多内容的工具。本节主要是帮助学生理解三者之间的区别及联系，掌握函数、方程及不等式以及数形结合的思想和方法。

一、知识回顾与梳理

（1）一元二次函数表达式及图像、根的分布、根与系数关系问题。

（2）一元二次函数的最值问题。

（3）一元二次函数的恒成立问题。

（4）一元二次函数、一元二次方程、一元二次不等式的相互关系。

（5）一元二次函数的综合应用问题。

二、方法与技巧

1. 二次函数的基本性质

（1）二次函数的三种表示法：

① 一般式：$y = ax^2 + bx + c$ ；

② 两根式：$y = a(x - x_1)(x - x_2)$ ；

③ 顶点式：$y = a(x - x_0)^2 + n$.

附：$(x_0，n)$ 为一元二次函数的顶点坐标。

（2）一元二次函数在指定区间上的最值（核心思想：对称轴与指定区间的

133

位置关系，利用数形结合的方法解决）。

当 $a > 0$，$f(x)$ 在区间 $[p, q]$ 上的最大值 M，最小值 m，令 $x_0 = \dfrac{p+q}{2}$，

① 若 $-\dfrac{b}{2a} < p$，则 $m = f(p)$，$M = f(q)$；若 $p \leqslant -\dfrac{b}{2a} < x_0$，则 $m = f\left(-\dfrac{b}{2a}\right)$，$M = f(q)$.

② 若 $x_0 \leqslant -\dfrac{b}{2a} < q$，则 $m = f\left(-\dfrac{b}{2a}\right)$，$M = f(p)$；若 $-\dfrac{b}{2a} \geqslant q$，则 $m = f(q)$，$M = f(p)$.

2. 二次不等式转化策略

（核心思想：利用数形结合的思想作图，写出约束条件即可。）

（1）$f(x) = ax^2 + bx + c > 0$ 恒成立 $\Leftrightarrow \begin{cases} a > 0 \\ \Delta < 0 \end{cases}$.

$f(x) = ax^2 + bx + c < 0$ 恒成立 $\Leftrightarrow \begin{cases} a < 0 \\ \Delta < 0 \end{cases}$.

（2）$a > 0$ 时，二次不等式 $f(x) = ax^2 + bx + c > 0$ 在 $[p, q]$ 上恒成立 $\Leftrightarrow$

$\begin{cases} -\dfrac{b}{2a} < p \\ f(p) > 0 \end{cases}$ 或 $\begin{cases} p \leqslant -\dfrac{b}{2a} < q \\ f\left(-\dfrac{b}{2a}\right) > 0 \end{cases}$ 或 $\begin{cases} -\dfrac{b}{2a} \geqslant q \\ f(q) > 0 \end{cases}$.

$a < 0$ 时，二次不等式 $f(x) = ax^2 + bx + c > 0$ 在 $[p, q]$ 上恒成立 $\Leftrightarrow$

$\begin{cases} f(p) > 0 \\ f(q) > 0 \end{cases}$.

三、典例剖析

例1：已知对于 x 的所有实数值，二次函数 $f(x) = x^2 - 4ax + 2a + 12$（$a \in$ **R**）的值都是非负的，求关于 x 的方程 $\dfrac{x}{a+2} = |a - 1| + 2$ 的根的取值范围。

【回顾与反思】

本题展示了一元二次函数取值范围问题。要求熟知二次函数图像性质与函数取值之间的关系，分类作出示意图，每一类分别求出范围求并集。

易错点：

（1）自变量选择错误；

（2）没有进行分类讨论；

（3）不同类的结果没有处理。

跟踪训练1：求函数 $y = |x-2|(x+1)$，$x \in [0, 3]$ 的值域。

例2：已知不等式 $x^2 - 2ax + 4 > 0$ 对所有实数 x 都成立，求 a 的取值范围。

【回顾与反思】

本题展示了一元二次函数（x 没有受到限制）恒成立问题。要求熟知二次函数的最值的基本方法，既可用二次函数图像与最值的关系解决，也可以利用转化的思想解决。

易错点：

（1）没有注意参数的位置没有进行分类讨论；

（2）不同类的结果没有处理。

跟踪训练2：关于 x 的不等式 $(a-1)x^2 + (a-1)x + 1 > 0$ 对所有实数 x 恒成立，求实数 a 的取值范围。

例 3：如果函数 $y = x^2 + 2x - 3 - a^2$，对于 $x \in [1, 3]$ 上的图像都在 x 轴的下方，则 a 的取值范围是_____.

【回顾与反思】

本题展示了一元二次函数（x 受到限制）恒成立问题。要求熟知求二次函数的最值的基本方法，除了可用二次函数图像与最值的关系解决，也可以利用转化的思想解决。

易错点：

（1）没有注意参数的位置没有进行分类讨论；

（2）不同类的结果没有处理。

跟踪训练 3：已知不等式 $x^2 - 2ax + 4 > 0$ 对实数 $1 \leqslant x \leqslant 2$ 都成立，求 a 的取值范围。

例 4：已知二次函数 $f(x) = ax^2 + bx + c$ 和一次函数 $g(x) = -bx$，其中 a、b、c 满足 $a > b > c$，$a + b + c = 0$，（a、b、$c \in \mathbf{R}$）.

（1）求证：两函数的图像交于不同的两点 A、B.

（2）求线段 AB 在 x 轴上的射影 $A_1 B_1$ 的长的取值范围。

【回顾与反思】

本题主要展示了函数与方程这个数学思想。要求熟练应用方程的知识来解决问题及数与形的完美结合，利用方程思想巧妙转化，表面重"形"，本质在"数"。

跟踪训练 4：已知二次函数 $y = ax^2 + bx + c$ 的图像经过 A（2，4），其顶点的横坐标是 $\frac{1}{2}$，它的图像与 x 轴交点为 B（x_1，0）和 C（x_2，0），且 $x_1^2 + x_2^2$ = 13.

求：（1）此函数的表达式。

（2）在 x 轴上方的图像上是否存在点 D，使 $S_{\triangle ABC} = 2S_{\triangle DBC}$. 若存在，求出 D 的位置；若不存在，说明理由。

专 项 训 练

一、选择题

1. 若不等式 $(a-2)x^2 + 2(a-2)x - 4 < 0$ 对一切 $x \in \mathbf{R}$ 恒成立，则 a 的取值范围是（　　）.

    A.（$-\infty$，2]   B.［-2，2]

    C.（-2，2]   D.（$-\infty$，-2）

2. 设二次函数 $f(x) = x^2 - x + a(a > 0)$，若 $f(m) < 0$，则 $f(m-1)$ 的值为（　　）.

    A. 正数   B. 负数

    C. 非负数   D. 正数、负数和零都有可能

3. 函数 $y = |x^2 + 2x - 8|$ 和 $y = kx + k$（k 为常数），则不论 k 为何值，这两个函数图像（　　）.

    A. 只有一个交点   B. 只有两个交点

    C. 只有三个交点   D. 只有四个交点

4. 设 $A\ (x_1,\ m)$，$B\ (x_2,\ m)$ 是二次函数 $f(x) = ax^2 + bx + c\ (a \neq 0)$ 图上两点，当 $t = x_1 + x_2$ 时，$f(t)$ 的值为(　　).

A. $\dfrac{2b^2}{a} + c$ 　　　　　　　　B. $\dfrac{-b^2}{4a} + c$

C. m 　　　　　　　　　　　　　D. c

5. 若二次函数 $y = ax^2 + bx + c\,(a \neq 0)$ 的图像的顶点在第一象限，且图像经过两点 $A\ (0,\ 1)$、$B\ (-1,\ 0)$，则 $S = a + b + c$ 的变化范围是(　　).

A. $0 < S < 2$ 　　　　　　　　　B. $0 < S < 3$

C. $1 < S < 2$ 　　　　　　　　　D. $-1 < S < 1$

二、填空题

6. 已知函数若 $f(x) = ax^2 + 2ax + 4\ (a > 0)$，若 $x_1 < x_2$，$x_1 + x_2 = 0$，则 $f(x_1)$ _____ $f(x_2)$．

7. 已知二次函数 $f(x) = 4x^2 - 2(p-2)x - 2p^2 - p + 1$，若在区间 $[-1,\ 1]$ 内至少存在一个实数 c，使 $f(c) > 0$，则实数 p 的取值范围是_____.

8. 二次函数 $f(x)$ 的二次项系数为正，且对任意实数 x 恒有 $f(2 + x) = f(2 - x)$，若 $f(1 - 2x^2) < f(1 + 2x - x^2)$，则 x 的取值范围是_____.

三、解答题

9. 二次函数 $y = \dfrac{1}{2}x^2 - \dfrac{3}{2}mx - 2m$ 交 x 轴于 $A\ (x_1,\ 0)$、$B\ (x_2,\ 0)$，交 y 轴于 C 点，$x_1 < 0 < x_2$，$|AB|^2 = 12|CO| + 1$（O 为原点）。

（1）求实数 m 的值。

（2）在 x 轴下方是否存在抛物线上的点 P，使 $\triangle ABP$ 面积等于 5？若存在，求出点 P 的坐标；若不存在，说明理由。

10. 二次函数 $f(x) = px^2 + qx + r$ 中实数 p、q、r 满足 $\dfrac{p}{m+2} + \dfrac{q}{m+1} + \dfrac{r}{m} = 0$，

其中 $m > 0$.

求证：（1）$p \cdot f\left(\dfrac{m}{m+1}\right) < 0$.

（2）方程 $f(x) = 0$ 在（0，1）内恒有解。

参考答案

典例剖析及跟踪训练答案

例1：

解：由条件知 $\Delta \leqslant 0$，即 $(-4a)^2 - 4(2a + 12) \leqslant 0$，

$\therefore -\dfrac{3}{2} \leqslant a \leqslant 2$.

（1）当 $-\dfrac{3}{2} \leqslant a < 1$ 时，原方程化为 $x = -a^2 + a + 6$，

$\because -a^2 + a + 6 = -\left(a - \dfrac{1}{2}\right)^2 + \dfrac{25}{4}$，

$\therefore$ 当 $a = -\dfrac{3}{2}$ 时，$x_{\min} = \dfrac{9}{4}$；当 $a = \dfrac{1}{2}$ 时，$x_{\max} = \dfrac{25}{4}$，

$\therefore \dfrac{9}{4} \leqslant x \leqslant \dfrac{25}{4}$.

（2）当 $1 \leqslant a \leqslant 2$ 时，$x = a^2 + 3a + 2 = \left(a + \dfrac{3}{2}\right)^2 - \dfrac{1}{4}$，

$\therefore$ 当 $a = 1$ 时，$x_{\min} = 6$；当 $a = 2$ 时，$x_{\max} = 12$，

$\therefore 6 \leqslant x \leqslant 12$，综上所述，$\dfrac{9}{4} \leqslant x \leqslant 12$.

跟踪训练1：

解：由题意可知，$y = \begin{cases} (x-2)(1+x), & 2 \leqslant x \leqslant 3 \\ (2-x)(1+x), & 0 \leqslant x < 2 \end{cases}$，

当 $2 \leqslant x \leqslant 3$ 时，$y = x^2 - x - 2 = \left(x - \dfrac{1}{2}\right)^2 - \dfrac{9}{4}$ ，此时 $0 \leqslant y \leqslant 4$ ，

当 $0 \leqslant x < 2$ 时，$y = -x^2 + x + 2 = -\left(x - \dfrac{1}{2}\right)^2 + \dfrac{9}{4}$ ，此时 $0 \leqslant y \leqslant \dfrac{9}{4}$ ，

综上所述，$0 \leqslant y \leqslant 4$.

例 2：

解：由题意可知，$\Delta = 4a^2 - 16 < 0 \Rightarrow -2 < a < 2$.

跟踪训练 2：

解：由题意可知，① $a = 1$ 时，成立。

② 由题意可知 $\begin{cases} a - 1 > 0 \\ \Delta = (a-1)^2 - 4(a-1) < 0 \end{cases} \Rightarrow 1 < a < 5$，

综上所述，$1 \leqslant a < 5$.

例 3：

答案：$a < -2\sqrt{3}$，$a > 2\sqrt{3}$

解析：方法一：由题意可知 $\begin{cases} f(1) < 0 \\ f(3) < 0 \end{cases} \Rightarrow a < -2\sqrt{3}$，$a > 2\sqrt{3}$.

方法二：$y = x^2 + 2x - 3 - a^2 = (x+1)^2 - 4 - a^2$，由于 $x \in [1, 3]$，所以

$y_{max} = 12 - a^2$，只需 $12 - a^2 < 0 \Rightarrow a < -2\sqrt{3}$，$a > 2\sqrt{3}$.

跟踪训练 3：

解：$y = f(x) = x^2 - 2ax + 4 = (x-a)^2 + 4 - a^2$，

① 当 $a < 1$ 时，$y_{min} = f(1) = 5 - 2a > 0 \Rightarrow a < \dfrac{5}{2}$，可得 $a < 1$，

② 当 $1 \leqslant a \leqslant 2$ 时，$y_{min} = f(a) = 4 - a^2 > 0 \Rightarrow -2 < a < 2$，可得 $1 \leqslant a < 2$，

③ 当 $a > 2$ 时，$y_{min} = f(2) = 8 - 4a > 0 \Rightarrow a < 2$，不成立。

综上所述，$a < 2$.

例 4：

解：

（1）证明：由 $\begin{cases} y = ax^2 + bx + c \\ y = -bx \end{cases}$ 消去 y 得 $ax^2 + 2bx + c = 0$，

$$\Delta = 4b^2 - 4ac = 4\ (-a-c)^2 - 4ac = 4\ (a^2 + ac + c^2)\ = 4\left[\left(a + \frac{c}{2}\right)^2 + \frac{3}{4}c^2\right]$$

$\because a + b + c = 0,\ a > b > c,$

$\therefore a > 0,\ c < 0,$

$\therefore \frac{3}{4}c^2 > 0,$

$\therefore \Delta > 0,$

即两函数的图像交于不同的两点。

（2）解：设方程 $ax^2 + 2bx + c = 0$ 的两根为 x_1 和 x_2，则 $x_1 + x_2 = -\frac{2b}{a}$，$x_1 x_2$

$= \frac{c}{a}.$

$$\begin{aligned}
|A_1 B_1|^2 &= (x_1 - x_2)^2 \\
&= (x_1 + x_2)^2 - 4x_1 x_2 \\
&= \left(-\frac{2b}{a}\right)^2 - \frac{4c}{a} \\
&= \frac{4b^2 - 4ac}{a^2} \\
&= \frac{4\ (-a-c)^2 - 4ac}{a^2} \\
&= 4\left[\left(\frac{c}{a}\right)^2 + \frac{c}{a} + 1\right] \\
&= 4\left[\left(\frac{c}{a} + \frac{1}{2}\right)^2 + \frac{3}{4}\right],
\end{aligned}$$

$\because a > b > c,\ a + b + c = 0,\ a > 0,\ c < 0,$

$\therefore a > -a - c > c,$ 解得 $\frac{c}{a} \in \left(-2,\ -\frac{1}{2}\right),$

$\therefore f\left(\frac{c}{a}\right) = 4\left[\left(\frac{c}{a}\right)^2 + \frac{c}{a} + 1\right]$ 的对称轴方程是 $\frac{c}{a} = -\frac{1}{2}$，

且当 $\frac{c}{a} \in \left(-2,\ -\frac{1}{2}\right)$ 时，为减函数，$\frac{c}{a}$ 的值越大，$f\left(\frac{c}{a}\right)$ 的值越小，

$\therefore |A_1 B_1|^2 \in (3,\ 12),$

故 $|A_1B_1| \in (\sqrt{3}, 2\sqrt{3})$.

跟踪训练4:

解：（1）由题意可知 $\begin{cases} 4a+2b+c=4 \\ -\dfrac{b}{2a}=\dfrac{1}{2} \\ x_1^2+x_1^2=13 \Rightarrow (x_1+x_2)^2-2x_1x_2=13 \Rightarrow \dfrac{b^2}{a^2}-\dfrac{2c}{a}=13, \end{cases}$

解得：$a=-1$，$b=1$，$c=6$，所以函数的表达式为 $y=-x^2+x+6$.

（2）由（1）可知 $A(2,4)$，$B(3,0)$，$C(-2,0)$，所以 $S_{\triangle ABC}=10$，

设 $D(x,y)$ $(y>0)$，所以 $S_{\triangle DBC}=\dfrac{1}{2}\times 5\times |y|=\dfrac{5}{2}y=5 \Rightarrow y=2$，

将 $y=2$ 代入 $y=-x^2+x+6 \Rightarrow x=\dfrac{1\pm\sqrt{17}}{2}$，

所以 $D\left(\dfrac{1+\sqrt{17}}{2}, 2\right)$ 或 $\left(\dfrac{1-\sqrt{17}}{2}, 2\right)$.

专项训练参考答案

一、选择题

1. 答案：C

解析：当 $a-2=0$ 即 $a=2$ 时，不等式为 $-4<0$，恒成立，

∴ $a=2$ 成立，

当 $a-2\neq 0$ 即 $a\neq 2$ 时，应满足 $\begin{cases} a-2<0 \\ \Delta<0 \end{cases}$，解得 $-2<a<2$，

∴ $a\in (-2, 2]$.

2. 答案：A

解析：∵ $f(m)<0$

∴ $f(x)=x^2-x+a=0$ 必有两实根，设 $f(x)=x^2-x+a=0$ 的两个根为

x_1、x_2，且 $x_1<m<x_2$，而 $|x_1-x_2|=\sqrt{(x_1+x_2)^2-4x_1x_2}=\sqrt{1-4a}<1$，

$\therefore m-(m-1)=1$，且 $f(m)<0$，故 $f(m-1)>0$.

3. 答案：B

解析：$y=kx+k$ 为直线，必过定点 $(-1,0)$，在坐标系下画出 $y=|x^2+2x-8|$ 的图像，即可观察到有两个交点。

4. 答案：D

解析：由题意可知，$t=x_1+x_2=-\dfrac{b}{a}$，

$\therefore f(t)=a\left(-\dfrac{b}{a}\right)^2+b\left(-\dfrac{b}{a}\right)+c=c.$

5. 答案：A

解析：$\because$ 二次函数图像经过两点 $A(0,1)$、$B(-1,0)$，

$\therefore c=1$，$a-b+1=0$，

$\because$ 二次函数 $y=ax^2+bx+c(a\neq0)$ 的图像的顶点在第一象限，

$\therefore \begin{cases} -\dfrac{b}{2a}>0 \\ \dfrac{4ac-b^2}{4a}>0 \end{cases}$ 将 $c=1$，$b=a+1$ 带入可解得 $-1<a<0$，

而 $S=a+b+c=2a+2$

$\therefore S$ 的取值范围是 $0<S<2$.

二、填空题

6. $<$

解析：由于 $a>0$，对称轴为 $x=-1$. 由题结合图像可得，$|-1-x_1|<|-1-x_2|$，

即：x_1 到对称轴的距离小于 x_2 到对称轴的距离，故 $f(x_1)<f(x_2)$.

7. $p\in\left(-3,\dfrac{3}{2}\right)$

解析：只需 $f(1)=-2p^2-3p+9>0$ 或 $f(-1)=-2p^2+p+1>0$

即 $-3<p<\dfrac{3}{2}$ 或 $-\dfrac{1}{2}<p<1$，

$\therefore p \in \left(-3, \ \dfrac{3}{2} \right).$

8. $-2 < x < 0$

解析：由 $f(2+x) = f(2-x)$ 知 $x = 2$ 为对称轴，由于距对称轴较近的点的纵坐标较小，

$\therefore \left| 1 - 2x^2 - 2 \right| < \left| 1 + 2x - x^2 - 2 \right|$，

即 $2x^2 + 1 < x^2 - 2x + 1$，

$\therefore -2 < x < 0.$

三、解答题

9. 解：（1） $C = (0, \ -2m)$，$|CO| = |2m|.$

由 $y = 0$ 知 $x^2 - 3mx - 4m = 0$，

$\therefore \begin{cases} x_1 + x_2 = 3m \\ x_1 x_2 = -4m \\ \Delta > 0 \end{cases}$

又 $x_1 x_2 < 0,$

$\therefore m > 0,$

$\therefore |AB| = \sqrt{(x_1 + x_2)^2 - 4x_1 x_2} = \sqrt{9m^2 + 16m}.$

由 $|AB|^2 = 12|CO| + 1$ 得 $9m^2 + 16m = 24m + 1$，

解之得 $m = 1.$

（2）由（1）知 $y = \dfrac{1}{2}x^2 - \dfrac{3}{2}x - 2$，$A(-1, 0)$，$B(4, 0)$，

设 $P(x, y)$，$(y < 0)$，

由 $S = 5$ 知 $y = -2$，

$\therefore \dfrac{1}{2}x^2 - \dfrac{3}{2}x - 2 = -2$，解之得 $x = 0$ 或 3，

$\therefore P(0, \ -2)$ 或 $P(3, \ -2).$

10. 证明：（1）$p \cdot f\left(\dfrac{m}{m+1}\right) = p\left[p\left(\dfrac{m}{m+1}\right)^2 + q\left(\dfrac{m}{m+1}\right) + r\right]$

$$= pm\left[\dfrac{pm}{(m+1)^2} + \dfrac{q}{m+1} + \dfrac{r}{m}\right]$$

$$= pm\left[\dfrac{pm}{(m+1)^2} - \dfrac{p}{m+2}\right]$$

$$= p^2 m\left[\dfrac{m\,(m+2) - (m+1)^2}{(m+1)^2\,(m+2)}\right]$$

$$= \dfrac{-p^2 m}{(m+1)^2\,(m+2)},$$

由于 $f(x)$ 是二次函数，故 $p \neq 0$，又 $m > 0$，所以 $p \cdot f\left(\dfrac{m}{m+1}\right) < 0$.

（2）由题意，得 $f(0) = r$，$f(1) = p + q + r$，

①当 $p > 0$ 时，由（1）知 $f\left(\dfrac{m}{m+1}\right) < 0$，

若 $r > 0$，则 $f(0) > 0$，又 $f\left(\dfrac{m}{m+1}\right) < 0$，所以 $f(x) = 0$ 在

$\left(0, \dfrac{m}{m+1}\right)$ 内有解；

若 $r \leqslant 0$，则 $f(1) = p + q + r = \left(-\dfrac{p}{m+2} - \dfrac{r}{m}\right) \cdot (m+1) + p + r = \dfrac{p}{m+2} -$

$\dfrac{r}{m} > 0$.

又 $f\left(\dfrac{m}{m+1}\right) < 0$，所以 $f(x) = 0$ 在 $\left(\dfrac{m}{m+1}, 1\right)$ 内有解。

因此方程 $f(x) = 0$ 在（0，1）内恒有解。

② $p < 0$ 时，同理可证。

第四章

不 等 式

第一节　一元一次、一元二次不等式

一、知识回顾与梳理

不等式中只含有一个未知数，未知数的次数是一次，且不等式的两边都是整式，即形如 $ax + b > 0$（或 <0）（其中 $a \neq 0$）的不等式叫作一元一次不等式。

含有一个未知数且未知数的最高次数是二次，且不等式的两边都是整式，即形如 $ax^2 + bx + c > 0$（或 <0）（其中 $a \neq 0$）的不等式叫作一元二次不等式。

二、方法与技巧

1. 一元二次不等式及其解法

（1）因式分解转化为一元一次不等式组。

在初中，我们学习过"符号法则——正正（负负）得正、正负得负"的原则，若一元二次不等式左边可以因式分解，则可将其转化为一元一次不等式组。

（2）利用"三个二次"之间的关系。

设 $ax^2 + bx + c > 0$（或 <0）（$a \neq 0$）相应的一元二次方程 $ax^2 + bx + c = 0$（$a \neq 0$）的两根为 x_1、x_2 且 $x_1 \leqslant x_2$，$\Delta = b^2 - 4ac$，则不等式的解的各种情况如下表：

$\Delta = b^2 - 4ac$	$\Delta > 0$	$\Delta = 0$	$\Delta < 0$
$y = ax^2 + bx + c$ （$a > 0$） 的图像			
$ax^2 + bx + c = 0$ （$a > 0$） 的根	有两相异实根 x_1、x_2 （$x_1 < x_2$）	有两相等实根 $x_1 = x_2 = -\dfrac{b}{2a}$	没有实数根
$ax^2 + bx + c > 0$ （$a > 0$） 的解的 范围	$(-\infty , x_1)$ $\cup$ $(x_2 , +\infty)$	$\left(-\infty , -\dfrac{b}{2a}\right)$ $\cup$ $\left(-\dfrac{b}{2a} , +\infty\right)$	**R**
$ax^2 + bx + c < 0$ （$a > 0$） 的解的 范围	(x_1 , x_2)	ϕ	ϕ

2. 解含参数的一元二次型不等式

在解含参数的一元二次型的不等式时，往往要对参数进行分类讨论，为了做到分类"不重不漏"，讨论需从如下三个方面进行考虑：

（1）关于不等式类型的讨论：二次项系数 $a > 0$、$a < 0$、$a = 0$；

（2）关于不等式对应方程根的讨论：两根（$\Delta > 0$）、一根（$\Delta = 0$）、无根（$\Delta < 0$）；

（3）关于不等式对应方程根的大小的讨论：$x_1 < x_2$、$x_1 = x_2$、$x_1 > x_2$.

三、典例剖析

例 1：解不等式 $x^2 + x - 6 > 0$.

【回顾与反思】

当把一元二次不等式化为 $ax^2 + bx + c > 0$ （或 <0 ）的形式后，只要左边可以分解为两个一次因式，即可运用一元一次不等式组。

跟踪训练 1：（1） $x^2 - x - 12 < 0$

（2） $-x^2 + 4x \leq 0$

例 2：利用一元二次函数的图像解不等式 $x^2 + 2 > 3x$.

【回顾与反思】

例 1 与例 2 的两种解法显然利用对应二次函数的图像更为简洁，在解题中也用的最多。

解一元二次不等式步骤如下：

（1）化为基本形式 $ax^2 + bx + c > 0$ （或 <0 ）（其中 $a > 0$ ）.

（2）计算 $\Delta = b^2 - 4ac$，以确定一元二次方程 $ax^2 + bx + c = 0$ 是否有解。

（3）有根则求出两根 x_1、x_2 （$x_1 < x_2$）. 那么 " >0 " 型的解为 $x < x_1$ 或 $x > x_2$ （俗称两根之外）；" <0 " 型的解为 $x_1 < x < x_2$ （俗称两根之间）。

注：若 $\Delta > 0$，结合函数图像求解。

跟踪训练 2：解下列不等式。

（1） $4x^2 + 4x + 1 \geq 0$

（2）$x - x^2 + 6 < 0$

例 3：已知关于 x 的不等式 $x^2 + ax + b < 0$ 的解的范围为（1，2），试求关于 x 的不等式 $bx^2 + ax + 1 > 0$ 的解的范围。

【回顾与反思】

已知一元二次不等式的解集，相当于知道了相应二次函数的开口方向及与 x 轴的交点，可以利用代入根或根与系数的关系求待定系数。

跟踪训练 3：已知不等式 $ax^2 - bx + 2 < 0$ 的解的范围为（1，2），求 a、b 的值。

例 4：（1）解关于 x 的不等式：$x^2 + (1 - a) x - a < 0$.

（2）解关于 x 的不等式：$ax^2 - (a - 1) x - 1 < 0$（$a \in \mathbf{R}$）.

【回顾与反思】

（1） 解相应方程的根 $\longrightarrow$ 比较讨论两根大小 $\longrightarrow$ 得解的范围

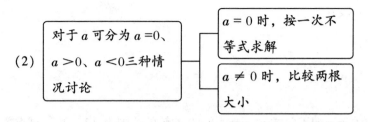

(2) 对于 a 可分为 $a=0$、$a>0$、$a<0$ 三种情况讨论

$a=0$ 时，按一次不等式求解

$a\neq0$ 时，比较两根大小

跟踪训练 4：解关于 x 的不等式 $2x^2+ax+2>0$（$a\in\mathbf{R}$）.

专 项 训 练

一、选择题

1. 不等式 $2x^2-x-1>0$ 的解的范围是（　　）.

A. $\left(-\dfrac{1}{2},\ 1\right)$　　　　　　B. $(1,\ +\infty)$

C. $(-\infty,\ 1)\cup(2,\ +\infty)$　　　D. $\left(-\infty,\ -\dfrac{1}{2}\right)\cup(1,\ +\infty)$

2. 一元二次方程 $ax^2+bx+c=0$ 的根为 2、-1，则当 $a<0$ 时，不等式 $ax^2+bx+c\geq0$ 的解的范围为（　　）.

A. $(-\infty,\ -1)\cup(2,\ +\infty)$　　B. $(-\infty,\ -1]\cup[2,\ +\infty)$

C. $(-1,\ 2)$　　　　　　　　　　　D. $[-1,\ 2]$

3. 若 $0<a<1$，则关于 x 的不等式 $(x-a)\left(x-\dfrac{1}{a}\right)<0$ 的解的范围是（　　）.

A. $\left(a,\ \dfrac{1}{a}\right)$　　　　　　　　B. $\left(\dfrac{1}{a},\ a\right)$

C. $(-\infty,\ a)\cup\left(\dfrac{1}{a},\ +\infty\right)$　　D. $\left(-\infty,\ \dfrac{1}{a}\right)\cup(a,\ +\infty)$

4. 设函数 $f(x)=\begin{cases}x^2-4x+6, & x\geq0 \\ x+6, & x<0\end{cases}$，则不等式 $f(x)>f(1)$ 的解的范围是（　　）.

A.（-3，1）∪（3，+∞）　　　　B.（-3，1）∪（2，+∞）

C.（-1，1）∪（3，+∞）　　　　D.（-∞，-3）∪（1，3）

5. 若不等式 $x^2 + mx + 1 \geq 0$ 的解的范围为 **R**，则实数 m 的取值范围是（　　）.

A. $m \geq 2$　　　　　　　　　B. $m \leq -2$

C. $m \leq -2$ 或 $m \geq 2$　　　　　D. $-2 \leq m \leq 2$

二、填空题

6. 若 $a < 0$，则关于 x 的不等式 $(x - 5a)(x + a) > 0$ 的解的范围为＿＿＿＿.

7. 关于 x 的不等式 $x(x + m) - 2 < 0$ 的解的范围为（-1，n），则实数 m，n 的值分别为＿＿＿＿＿＿.

8. 关于 x 的不等式组 $\begin{cases} x - 1 \geq a^2, \\ x - 4 < 2a \end{cases}$ 有解，则实数 a 的取值范围是＿＿＿＿＿＿.

三、解答题

9. 解下列不等式：

（1）$2x^2 - 3x - 2 < 0$

（2）$-2y^2 + 5y > 3$

10. 已知关于 x 的不等式 $ax^2 + x + c < 0$ 的解的范围为 $\left(-\infty，-\dfrac{1}{3}\right) \cup \left(\dfrac{1}{2}，+\infty\right)$，求 a 和 c，并求解不等式 $-cx^2 + x - a > 0$.

11. 解关于 x 的不等式 $ax^2 - 2(a+1)x + 4 > 0$.

参考答案

典例剖析及跟踪训练答案

例 1：

解：原不等式可化为：$(x+3)(x-2) > 0$，于是有

$$\begin{cases} x+3>0 \\ x-2>0 \end{cases} \text{或} \begin{cases} x+3<0 \\ x-2<0 \end{cases} \Rightarrow \begin{cases} x>-3 \\ x>2 \end{cases} \text{或} \begin{cases} x<-3 \\ x<2 \end{cases} \Rightarrow x<-3 \text{ 或 } x>2.$$

故原不等式的解的范围为 $(-\infty, -3) \cup (2, +\infty)$.

跟踪训练 1：

(1) $(-3, 4)$

(2) $(-\infty, 0] \cup [4, +\infty)$

例 2：

解：先化为 $x^2 - 3x + 2 > 0$.

方程 $x^2 - 3x + 2 = 0$ 的根 $x_1 = 1$，$x_2 = 2$，结合函数 $y = x^2 - 3x + 2$ 的图像可知原不等式的解的范围为 $(-\infty, 1) \cup (2, +\infty)$.

跟踪训练 2：

(1) $\mathbf{R}$

(2) $(-\infty, -2) \cup (3, +\infty)$

例 3：

解：由根与系数的关系，可得

$$\begin{cases} -a = 1+2 \\ b = 1 \times 2 \end{cases}, \text{即} \begin{cases} a = -3 \\ b = 2 \end{cases}$$

$\therefore$ 不等式 $bx^2 + ax + 1 > 0$，可化为 $2x^2 - 3x + 1 > 0$.

由 $2x^2 - 3x + 1 > 0$，解得 $x < \dfrac{1}{2}$ 或 $x > 1$.

$\therefore bx^2 + ax + 1 > 0$ 的解的范围为 $\left(-\infty, \dfrac{1}{2}\right) \cup (1, +\infty)$.

跟踪训练 3：

解：

方法一：由题设条件知 $a > 0$，且 1、2 是方程 $ax^2 - bx + 2 = 0$ 的两实根。

由根与系数的关系，知 $\begin{cases} 1 + 2 = \dfrac{b}{a}, \\ 1 \times 2 = \dfrac{2}{a}, \end{cases}$ 解得 $\begin{cases} a = 1, \\ b = 3. \end{cases}$

方法二：把 $x = 1$、2 分别代入方程 $ax^2 - bx + 2 = 0$ 中，

得 $\begin{cases} a - b + 2 = 0, \\ 4a - 2b + 2 = 0, \end{cases}$ 解得 $\begin{cases} a = 1, \\ b = 3. \end{cases}$

例 4：

解：（1）方程 $x^2 + (1 - a)x - a = 0$ 的解为 $x_1 = -1$，$x_2 = a$，函数 $y = x^2 + (1 - a)x - a$ 的图像开口向上，则当 $a < -1$ 时，原不等式解的范围为 $(a, -1)$.

当 $a = -1$ 时，原不等式解的范围为 ϕ；

当 $a > -1$ 时，原不等式解的范围为 $(-1, a)$.

（2）原不等式可化为：$(ax + 1)(x - 1) < 0$，

当 $a = 0$ 时，$x < 1$.

当 $a > 0$ 时，$\left(x + \dfrac{1}{a}\right)(x - 1) < 0$，

$\therefore -\dfrac{1}{a} < x < 1$.

当 $a = -1$ 时，$x \neq 1$.

当 $-1 < a < 0$ 时，$-\dfrac{1}{a} > 1$，$\left(x + \dfrac{1}{a}\right)(x - 1) > 0$，

$\therefore x > -\dfrac{1}{a}$ 或 $x < 1$.

当 $a < -1$ 时，$-\dfrac{1}{a} < 1$，

$\therefore x < -\dfrac{1}{a}$ 或 $x > 1$.

综上，原不等式的解的范围是：

当 $a = 0$ 时，$(-\infty, 1)$；

当 $a > 0$ 时，$\left(-\dfrac{1}{a}, 1\right)$；

当 $a = -1$ 时，$(-\infty, 1) \cup (1, +\infty)$；

当 $-1 < a < 0$ 时，$(-\infty, 1) \cup \left(-\dfrac{1}{a}, +\infty\right)$；

当 $a < -1$ 时，$\left(-\infty, -\dfrac{1}{a}\right) \cup (1, +\infty)$.

跟踪训练 4：

解：$\Delta = a^2 - 16$，下面分情况讨论：

（1）当 $\Delta < 0$，即 $-4 < a < 4$ 时，方程 $2x^2 + ax + 2 = 0$ 无实根，所以原不等式的解的范围为 **R**.

（2）当 $\Delta \geqslant 0$，即 $a \geqslant 4$ 或 $a \leqslant -4$ 时，方程 $2x^2 + ax + 2 = 0$ 的两个根为

$$x_1 = \dfrac{1}{4}\left(-a - \sqrt{a^2 - 16}\right), x_2 = \dfrac{1}{4}\left(-a + \sqrt{a^2 - 16}\right).$$

当 $a = -4$ 时，原不等式的解的范围为 $(-\infty, 1) \cup (1, +\infty)$.

当 $a > 4$ 或 $a < -4$ 时，原不等式的解的范围为

$$\left(-\infty, \dfrac{1}{4}\left(-a - \sqrt{a^2 - 16}\right)\right) \cup \left(\dfrac{1}{4}\left(-a + \sqrt{a^2 - 16}\right), +\infty\right).$$

当 $a = 4$ 时，原不等式的解的范围为 $(-\infty, -1) \cup (-1, +\infty)$.

专项训练参考答案

一、选择题

1. 答案：D

解析：$\because 2x^2 - x - 1 = (2x + 1)(x - 1)$，

$\therefore$ 由 $2x^2 - x - 1 > 0$，得 $(2x + 1)(x - 1) > 0$，解得 $x > 1$ 或 $x < -\dfrac{1}{2}$，

$\therefore$ 不等式的解的范围为 $\left(-\infty, -\dfrac{1}{2}\right) \cup (1, +\infty)$.

2. 答案：D

解析：由题意知，$-\dfrac{b}{a} = 1$，$\dfrac{c}{a} = -2$，

$\therefore b = -a$，$c = -2a$，

又 $\because a < 0$，

$\therefore x^2 - x - 2 \leqslant 0$，

$\therefore -1 \leqslant x \leqslant 2$.

3. 答案：A

解析：对应方程的两根为 $x_1 = a$，$x_2 = \dfrac{1}{a}$，当 $0 < a < 1$ 时，$a < \dfrac{1}{a}$，故选 A.

4. 答案：A

解析：$f(1) = 1^2 - 4 \times 1 + 6 = 3$，

当 $x \geqslant 0$ 时，$x^2 - 4x + 6 > 3$，解得 $x > 3$ 或 $0 \leqslant x < 1$；

当 $x < 0$ 时，$x + 6 > 3$，解得 $-3 < x < 0$.

所以 $f(x) > f(1)$ 的解的范围是 $(-3, 1) \cup (3, +\infty)$

5. 答案：D

依题得：$\Delta = m^2 - 4 \leqslant 0$，故 $-2 \leqslant m \leqslant 2$.

二、填空题

6. $(-\infty, 5a) \cup (-a, +\infty)$

解析：∵ $a < 0$ ，

∴ $-a > 5a$ ，

∴ $(x + a)(x - 5a) > 0$ 的解集为 $(-\infty, 5a) \cup (-a, +\infty)$.

7. -1 , 2

解析：不等式 $x(x + m) - 2 < 0$ ，即 $x^2 + mx - 2 < 0$ ，

由题意得 $\begin{cases} -1 + n = -m, \\ -1 \times n = -2, \end{cases}$ 解得 $m = -1$ ，$n = 2$.

8. $(-1, 3)$

解析：由已知得 $\begin{cases} x \geq a^2 + 1 \\ x < 2a + 4, \end{cases}$ 若不等式组有解，则 $2a + 4 > a^2 + 1$ ，即 $a^2 - 2a - 3 < 0$ ，

∴ $-1 < a < 3$.

三、解答题

9. 解析：（1）原式可化为 $\left(x + \dfrac{1}{2}\right)(x - 2) < 0$ ，所以不等式解的范围为 $\left(-\dfrac{1}{2}, 2\right)$.

（2）原式可化为 $(-y + 1)(2y - 3) > 0$ ，所以不等式解的范围为 $\left(1, \dfrac{3}{2}\right)$.

10. 解析：

依题得：$\begin{cases} -\dfrac{1}{a} = \dfrac{1}{2} - \dfrac{1}{3} \\ \dfrac{c}{a} = \dfrac{1}{2} \times \left(-\dfrac{1}{3}\right) \end{cases}$ ，

∴ $\begin{cases} a = -6 \\ c = 1 \end{cases}$.

将 a、c 代入不等式得：$-x^2 + x + 6 > 0$ ，原不等式可化为 $(-x + 3)(x + 2) > 0$ ，所以不等式的解的范围为 $(-2, 3)$.

11. 解析：（1）当 $a = 0$ 时，原不等式可化为 $-2x + 4 > 0$，

解得 $x < 2$，所以原不等式的解的范围为 $(-\infty, 2)$.

（2）当 $a > 0$ 时，原不等式可化为 $(ax - 2)(x - 2) > 0$，对应方程的两个

根为 $x_1 = \dfrac{2}{a}$，$x_2 = 2.$

①当 $0 < a < 1$ 时，$\left(x - \dfrac{2}{a}\right)(x - 2) > 0$，所以原不等式的解的范围为 $(-\infty,$

$2) \cup \left(\dfrac{2}{a}, +\infty\right)$；

②当 $a = 1$ 时，$(x - 2)^2 > 0$，所以原不等式的解的范围为 $(-\infty, 2) \cup$

$(2, +\infty)$.

③当 $a > 1$ 时，$\left(x - \dfrac{2}{a}\right)(x - 2) > 0$，所以原不等式的解的范围为

$\left(-\infty, \dfrac{2}{a}\right) \cup (2, +\infty)$.

（3）当 $a < 0$ 时，原不等式可化为 $(-ax + 2)(x - 2) < 0$，对应方程的两个

根为 $x_1 = \dfrac{2}{a}$，$x_2 = 2$，则 $\left(x - \dfrac{2}{a}\right)(x - 2) < 0$，所以原不等式的解的范围为

$\left(\dfrac{2}{a}, 2\right)$.

综上，当 $a < 0$ 时，原不等式的解的范围为 $\left(\dfrac{2}{a}, 2\right)$；

当 $a = 0$ 时，原不等式的解的范围为 $(-\infty, 2)$；

当 $0 < a \leqslant 1$ 时，原不等式的解的范围为 $(-\infty, 2) \cup \left(\dfrac{2}{a}, +\infty\right)$；

当 $a > 1$ 时，原不等式的解的范围为 $\left(-\infty, \dfrac{2}{a}\right) \cup (2, +\infty)$.

第二节　分式与高次不等式

分式不等式与高次不等式是高中数学的一个重要知识点，是解决不等式问题的基础工具。本节主要介绍分式不等式与简单高次不等式的常见解法，帮助学生理解转化与化归的思想。

一、知识回顾与梳理

（1）不等式的基本性质：

① 若 $a>b$，则 $a\pm c>b\pm c$；

② 若 $a>b$，$c>0$，则 $ac>bc$；

③ 若 $a>b$，$c<0$，则 $ac<bc$；

④ 若 $a>b>0$，则 $a^2>b^2$.

（2）分式的概念：分子和分母都是整式，且分母中含有字母的式子叫作分式。

（3）分式的基本性质有：

① 若 $c(x)\neq 0$，则 $\dfrac{f(x)}{g(x)}=\dfrac{f(x)c(x)}{g(x)c(x)}$；

② 若 $c(x)\neq 0$，则 $\dfrac{f(x)}{g(x)}=\dfrac{\frac{f(x)}{c(x)}}{\frac{g(x)}{c(x)}}$.

（4）分式不等式的概念：分母中含有未知数的不等式叫作分式不等式。

（5）分式不等式经变形都可化归为标准形式：$\dfrac{f(x)}{g(x)}>0$、$\dfrac{f(x)}{g(x)}\geq 0$、

$$\frac{f(x)}{g(x)} < 0 \text{、} \frac{f(x)}{g(x)} \leqslant 0.$$

（6）解分式不等式的基本思路是将其转化为整式不等式。标准形式同解变形为整式不等式规则如下：

① $\dfrac{f(x)}{g(x)} > 0(< 0) \Rightarrow f(x)g(x) > 0(< 0)$；

② $\dfrac{f(x)}{g(x)} \geqslant 0(\leqslant 0) \Rightarrow \begin{cases} f(x)g(x) \geqslant 0 \ (\leqslant 0) \\ g(x) \neq 0 \end{cases}$.

（7）一元高次不等式的概念：次数大于 2 次的整式不等式，叫做高次不等式。

二、方法与技巧

1. 等价变形

2. 序轴标根法

"序轴标根法"又称"数轴穿根法"或"穿针引线法"，是一元高次不等式的简单解法。其一般步骤为：

第一步：将 $f(x)$ 的最高次项的系数化为正数，右侧变为 0.

第二步：将 $f(x)$ 分解为若干个一次因式与无实根多项式的积。

第三步：将每一个一次因式的根标在数轴上，从最大根的右侧上方依次通过每一个点画曲线；如果出现重根，奇数次穿过数轴，偶数次穿而不过。

第四步：根据曲线显示出的 $f(x)$ 值的符号变化规律，写出不等式解的取值范围。

三、典例剖析

例 1：求满足下列不等式的 x 的取值范围。

（1）$\dfrac{x+1}{2x-3} \geqslant 0$

(2) $\dfrac{-x-1}{2x+3} > 1$

【回顾与反思】

本题重点考查简单分式不等式的解法。解答本题要求掌握分式不等式同解变形规则与一元二次不等式的解法，其一般解法为先将分式不等式移项、通分化成标准形式，再同解变形为整式不等式求解。需注意的易错形式有：

(1) 转标准形式错误；

(2) 同解变形为整式时遗漏条件分母不为零；

(3) 一元二次不等式解的区间取舍错误。

跟踪训练1：求满足不等式 $-1 \leqslant \dfrac{3x-5}{x+1} < 4$ 的 x 的取值范围。

例2：求满足下列不等式的 x 的取值范围。

(1) $(x-3)(2x^2-5x-7) \geqslant 0$

(2) $(x-2)(x+3)(3x^2-4x-4) \leqslant 0$

跟踪训练2：求满足不等式 $\dfrac{(x+1)(x-2)}{(x-3)(x+4)} \geqslant 0$ 的 x 的取值范围。

例3：求满足不等式 $\dfrac{3}{x-2} < 2 - \dfrac{3}{x+2}$ 的 x 的取值范围。

【回顾与反思】

解答本题要求熟练掌握穿针引线法在解不等式中的运用。其一般解法为同解变形为整式后，画出数轴并使用穿针引线法求解。需要注意的易错形式有：

（1）转标准形式错误；

（2）同解变形为整式时遗漏条件分母不为零；

（3）穿针引线法"定符号"错误。

跟踪训练3：求满足不等式 $\dfrac{x-7}{x^2+3x+2} > -1$ 的 x 的取值范围。

例4：求满足不等式 $\dfrac{-3x+3}{x+m} > -x+1$ 的 x 的取值范围。

【回顾与反思】

本题重点考查含参数分式不等式的解法。解答本题要求掌握分式不等式同解变形规则与一元二次不等式的解法，会使用分类方法处理参数数值变化对根的位置的影响。需注意的易错形式有：

(1) 处理参数或同解变形为整式时遗漏条件分母不为零；

(2) 含参数的根的存在区间分类不全。

跟踪训练 4：求满足不等式 $\dfrac{mx+5}{x-4} < -1$ 的 x 的取值范围。

专 项 训 练

一、选择题

1. 满足不等式 $\dfrac{2x+4}{2-x} < 0$ 的 x 的取值范围是（　　）.

A. $-2 < x < 2$ 　　　　　　B. $-2 < x < 0$

C. $x < -2$ 或 $x > 2$ 　　　D. $0 \leqslant x < 2$

2. 与不等式 $\dfrac{x-3}{x-2} \geqslant 0$ 同解的不等式是（　　）.

A. $(x-2)(x-3) \geqslant 0$ 　　　　　B. $\dfrac{x^2-5x+6}{(x-2)^2} \geqslant 0$

C. $\dfrac{x^2-x+6}{x^2-4} \leqslant 0$ 　　　　　D. $(x-2)(x-3)^2 \geqslant 0$

3. 满足不等式 $(x-1)(x+2)(x+4) < 0$ 的 x 的取值范围是（　　）.

A. $x < -4$ 或 $-2 < x < 1$ 　　　B. $x < 1$

C. $-4 < x < -2$ 或 $x > 1$ 　　　D. $x < -4$

4. 满足不等式 $(x-1)(x+2)^2(x+4) \geqslant 0$ 的 x 的取值范围是（　　）.

A. $x \leqslant -4$ 或 $x \geqslant 1$ 　　　B. $x \geqslant 1$

C. $-4 < x < 1$ 　　　　　　D. $x \geqslant -4$

5. 满足不等式 $\dfrac{x^2-2x-24}{x^2-7x+12}\leqslant -2$ 的 x 的取值范围是(　　).

A. $x\leqslant 0$ 或 $3\leqslant x\leqslant 4$ 或 $\dfrac{16}{3}\leqslant x$ 　　　　B. $0\leqslant x\leqslant 3$ 或 $4\leqslant x\leqslant \dfrac{16}{3}$

C. $x\leqslant 0$ 或 $3<x<4$ 或 $\dfrac{16}{3}\leqslant x$ 　　　　D. $0\leqslant x<3$ 或 $4<x\leqslant \dfrac{16}{3}$

二、填空题

6. 满足不等式 $\dfrac{1}{x+2}-x<2$ 的 x 的取值范围是_____.

7. 满足不等式 $(x^2-2x-3)(x^2-4x+4)^2\geqslant 0$ 的 x 的取值范围是_____.

8. 满足不等式 $(x+1)(x-2)^2(x+3)^3(x-4)\geqslant 0$ 的 x 的取值范围是
_____.

三、解答题

9. 求满足不等式 $(x-m)(x^2-4)\leqslant 0$ 的 x 的取值范围。

10. 求满足不等式 $\dfrac{x^2+2x-3}{-x^2+x+6}>0$ 的 x 的取值范围。

11. 求满足不等式 $\dfrac{x^2+6x-3}{-x^2+x+6}\leqslant 2$ 的 x 的取值范围。

参考答案

典例剖析及跟踪训练答案

例 1：

解：（1）$\because \dfrac{x+1}{2x-3} \geqslant 0$，

$\therefore \begin{cases} (x+1)(2x-3) \geqslant 0 \\ 2x-3 \neq 0 \end{cases}$，

$\therefore \begin{cases} x \geqslant \dfrac{3}{2} 或 x \leqslant -1 \\ x \neq \dfrac{3}{2} \end{cases}$，

$\therefore x > \dfrac{3}{2}$ 或 $x \leqslant -1$.

（2）$\because \dfrac{-x-1}{2x+3} > 1$，

$\therefore \dfrac{-x-1}{2x+3} - 1 > 0$，

$\therefore \dfrac{-3x-4}{2x+3} > 0$，

$\therefore \dfrac{3x+4}{2x+3} < 0$，

$\therefore (3x+4)(2x+3) < 0$，

$\therefore -\dfrac{3}{2} < x < -\dfrac{4}{3}$.

跟踪训练 1：

解：$\because -1 \leqslant \dfrac{3x-5}{x+1} < 4$，

$$\therefore \begin{cases} -1 \leqslant \dfrac{3x-5}{x+1} \\[4mm] \dfrac{3x-5}{x+1} < 4 \end{cases},$$

$$\therefore \begin{cases} 0 \leqslant \dfrac{3x-5}{x+1}+1 \\[4mm] \dfrac{3x-5}{x+1}-4 < 0 \end{cases},$$

$$\therefore \begin{cases} 0 \leqslant \dfrac{4x-4}{x+1} \\[4mm] \dfrac{-x-9}{x+1} < 0 \end{cases},$$

$$\therefore \begin{cases} 0 \leqslant \dfrac{4x-4}{x+1} \\[4mm] \dfrac{x+9}{x+1} > 0 \end{cases},$$

$$\therefore \begin{cases} (4x-4)(x+1) \geqslant 0 \text{ 且 } x+1 \neq 0 \\[2mm] (x+9)(x+1) > 0 \end{cases},$$

$$\therefore \begin{cases} x \geqslant 1 \text{ 或 } x < -1 \\[2mm] x > -1 \text{ 或 } x < -9 \end{cases},$$

$$\therefore x < -9 \text{ 或 } x > 1.$$

例 2:

解:(1) $\because (x-3)(2x^2-5x-7) \geqslant 0$,

$\therefore (x-3)(2x-7)(x+1) \geqslant 0$,

$\therefore (x+1)(x-3)\left(x-\dfrac{7}{2}\right) \geqslant 0$,

$\therefore x \geqslant \dfrac{7}{2}$ 或 $-1 \leqslant x \leqslant 3$.

(2) $\because (x-2)(x+3)(3x^2-4x-4) \leqslant 0$,

$\therefore (x-2)(x+3)(3x+2)(x-2) \leqslant 0$,

$\therefore (x+3)\left(x+\dfrac{2}{3}\right)(x-2)^2 \leqslant 0$,

$\therefore x = 2$ 或 $-3 \leqslant x \leqslant -\dfrac{2}{3}$.

跟踪训练 2：

解：$\because \dfrac{(x+1)(x-2)}{(x-3)(x+4)} \geqslant 0$，

$\therefore \begin{cases} (x+1)(x-2)(x-3)(x+4) \geqslant 0 \\ (x-3)(x+4) \neq 0 \end{cases}$，

$\therefore \begin{cases} (x+4)(x+1)(x-2)(x-3) \geqslant 0 \\ (x-3)(x+4) \neq 0 \end{cases}$，

$\therefore x > 3$ 或 $-1 \leqslant x \leqslant 2$ 或 $x < -4$.

例 3：

解：$\because \dfrac{3}{x-2} < 2 - \dfrac{3}{x+2}$，

$\therefore \dfrac{3}{x-2} + \dfrac{3}{x+2} - 2 < 0$，

$\therefore \dfrac{6x}{(x-2)(x+2)} - 2 < 0$，

$\therefore \dfrac{-2x^2 + 6x + 8}{(x-2)(x+2)} < 0$，

$\therefore (x-4)(x-2)(x+1)(x+2) > 0$，

$\therefore x < -2$ 或 $-1 < x < 2$ 或 $x > 4$.

跟踪训练 3：

解：$\because \dfrac{x-7}{x^2+3x+2} > -1$，

$\therefore \dfrac{x-7}{x^2+3x+2} + 1 > 0$，

$\therefore \dfrac{x^2+4x-5}{x^2+3x+2} > 0$，

$\therefore \dfrac{(x-1)(x+5)}{(x+1)(x+2)} > 0$，

$\therefore (x+5)(x+2)(x+1)(x-1) > 0$，

∴ $x > 1$ 或 $-2 < x < -1$ 或 $x < -5$.

例 4:

解：∵ $\dfrac{-3x + 3}{x + m} > -x + 1$,

∴ $\dfrac{-3x + 3}{x + m} + x - 1 > 0$,

∴ $\dfrac{-3x + 3 + x^2 + mx - x - m}{x + m} > 0$,

∴ $\dfrac{x^2 + (m - 4)x - m + 3}{x + m} > 0$,

∴ $\dfrac{(x - 1)[x - (3 - m)]}{x + m} > 0$,

∴ $(x - 1)[x - (-m)][x - (3 - m)] > 0$,

i. 当 $m < -1$ 时，$1 < -m < 3 - m$,

∴ $1 < x < -m$ 或 $3 - m < x$.

ii. 当 $m = -1$ 时，$-1 = -m < 3 - m$

∴ $3 - m < x$.

iii. 当 $-1 < m < 2$ 时，$-m < 1 < 3 - m$

∴ $-m < x < 1$ 或 $3 - m < x$.

iv. 当 $m = 2$ 时，$-3 < 3 - m = 1$

∴ $-m < x < 3 - m$ 或 $1 < x$.

v. 当 $m > 2$ 时，$-m < 3 - m < 1$

∴ $-m < x < 3 - m$ 或 $1 < x$.

跟踪训练 4:

解：∵ $\dfrac{mx + 5}{x - 4} < -1$,

∴ $\dfrac{mx + 5}{x - 4} + 1 < 0$,

∴ $\dfrac{(m + 1)x + 1}{x - 4} < 0$,

$\therefore \big[(m+1)x+1\big](x-4)<0$，

i. 当 $m=-1$ 时，

$x-4<0$，

$\therefore x<4$.

ii. 当 $m>-1$ 时，$-\dfrac{1}{m+1}<4$

$\big[(m+1)x+1\big](x-4)<0$，

$\therefore (m+1)\Big[x+\dfrac{1}{m+1}\Big](x-4)<0$，

$\therefore \Big(x+\dfrac{1}{m+1}\Big)(x-4)<0$，

$\therefore -\dfrac{1}{m+1}<x<4$.

iii. 当 $-\dfrac{5}{4}<m<-1$ 时，$4<-\dfrac{1}{m+1}$

$\big[(m+1)x+1\big](x-4)<0$，

$\therefore (m+1)\Big[x+\dfrac{1}{m+1}\Big](x-4)<0$，

$\therefore \Big(x+\dfrac{1}{m+1}\Big)(x-4)>0$，

$\therefore x<4$ 或 $x>-\dfrac{1}{m+1}$.

iv. 当 $m=-\dfrac{5}{4}$ 时，$4=-\dfrac{1}{m+1}$

$\big[(m+1)x+1\big](x-4)<0$，

$\therefore (m+1)\Big[x+\dfrac{1}{m+1}\Big](x-4)<0$，

$\therefore (x-4)^2>0$，

$\therefore x\neq 4$.

v. 当 $m<-\dfrac{5}{4}$ 时，$-\dfrac{1}{m+1}<4$

$\big[(m+1)x+1\big](x-4)<0$，

$$\therefore (m+1)\left[x+\frac{1}{m+1}\right](x-4) < 0,$$

$$\therefore \left(x+\frac{1}{m+1}\right)(x-4) > 0,$$

$$\therefore x < -\frac{1}{m+1} \text{ 或 } x > 4.$$

专项训练参考答案

一、选择题

1. 答案：C

2. 答案：B

3. 答案：A

4. 答案：A

5. 答案：D

二、填空题

6. $-3 < x < -2$ 或 $x > -1$

7. $x \leqslant -1$ 或 $x \geqslant 3$

8. $-3 \leqslant x \leqslant -1$ 或 $x \geqslant 4$

三、解答题

9. i. 当 $m < -2$ 时，$x \leqslant m$ 或 $-2 \leqslant x \leqslant 2$；

ii. 当 $-2 \leqslant m \leqslant 2$ 时，$x \leqslant -2$ 或 $m \leqslant x \leqslant 2$；

iii. 当 $m > 2$ 时，$x \leqslant -2$ 或 $2 \leqslant x \leqslant m$.

10. $-3 < x < -2$ 或 $1 < x < 3$

11. $x \leqslant -3$ 或 $-2 < x \leqslant \frac{5}{3}$ 或 $x > 3$

第三节　绝对值不等式

高中阶段绝对值不等式着重考查两个方面：一是由定义引出的绝对值几何意义的应用；二是代数意义上的分类讨论。其中，几何意义的应用主要涉及绝对值不等式的解法；而分类讨论的思想在去绝对值、画绝对值函数图像、解绝对值不等式中均有体现。

一、知识回顾与梳理

1. 绝对值

（1）定义：在数轴上，一个数所对应的点与原点的距离叫作该数的绝对值。

$$|x| = \begin{cases} x, & x > 0, \\ 0, & x = 0, \\ -x, & x < 0. \end{cases}$$

（2）几何意义：$|x|$ 是指数轴上点 x 到原点的距离；$|x_1 - x_2|$ 是指数轴上 x_1、x_2 两点间的距离。

（3）绝对值具有非负性，即 $|x| \geqslant 0.$

2. 基本解法与思想

解含绝对值的不等式的基本思想是等价转化，即采用合适的方法去掉绝对值符号转化为不含绝对值的不等式来解。

二、方法与技巧

1. 公式法

主要知识：

（1）①$|x| < a$ $(a > 0)$ 的取值范围是 $(-a, a)$，如图 1.

　　②$|x| > a$ $(a > 0)$ 的取值范围是 $(-\infty, -a) \cup (a, +\infty)$，如图 2.

图 1　　　　　　　　　　　　　　　　图 2

（2）①$|ax + b| < c(c > 0) \Leftrightarrow -c < ax + b < c$；

　　②$|ax + b| > c(c > 0) \Leftrightarrow ax + b < -c$ 或 $ax + b > c$.

（3）①$|ax + b| < f(x) \Leftrightarrow -f(x) < ax + b < f(x)$；

　　②$|ax + b| > f(x) \Leftrightarrow ax + b < -f(x)$ 或 $ax + b > f(x)$.

2. 定义法

零点分段法（分段讨论法）。

3. 平方法

不等式两边都是非负时，两边同时平方。

4. 利用绝对值的几何意义

三、典例剖析

例 1：解关于 x 的不等式。

（1）$|x - 2| < 1$

(2) $|2x-5|>2$

跟踪训练 1：解关于 x 的不等式：$1 \leqslant |2x-1| < 5$.

【回顾与反思】

绝对值的一边是常数时可运用整体思想把绝对值内看成一个整体，直接利用公式进行求解。

例 2：解关于 x 的不等式 $|x-1| > |2x-3|$.

跟踪训练 2：解关于 x 的不等式 $|2x-1| < |x+2|$.

【回顾与反思】

(1) 不等式的两边均有绝对值时，比较适合用平方法去绝对值；

(2) 平方时一定要注意不等式两边的符号；

(3) 平方后灵活运用平方差公式进行因式分解可以快速得出结果。

例 3：解关于 x 的不等式 $|x^2+3x-8| < 10$.

跟踪训练3：解关于 x 的不等式 $|x^2 - 10| \leqslant 3x$.

【回顾与反思】

（1）绝对值的内部是二次函数或不等式的另一端不为常数时绝对值的公式仍然适用；

（2）去绝对值后的不等式求解需要较强的因式分解能力。

例4：解关于 x 的不等式 $|4x - 3| > 2x + 1$.

跟踪训练4：解关于 x 的不等式 $|4x - 3| \leqslant x + 1$.

跟踪训练5：解关于 x 的不等式 $|x + 1| > 2 - x$.

【回顾与反思】

（1）当不等式的一边只有一个绝对值时公式法均可使用；

（2）分类讨论是处理绝对值问题的基本思想和基本方法，学生应重点掌握这个方法。

例5：解关于 x 的不等式 $|x + 2| + |x - 1| < 5$.

跟踪训练6：解关于 x 的不等式 $|2x+3|-|x-2|\leqslant 4$.

【回顾与反思】

（1）当不等式的一边有两个或两个以上绝对值时，公式法不再适用，分类讨论的"零点分区间法"是解决此类问题的基本方法；

（2）"零点分区间法"，即通过令每一个绝对值为零求得零点，得出分类讨论的分界值；

（3）选择题和填空题中，利用绝对值的几何意义解含有两个绝对值不等式优势明显；

（4）掌握绝对值几何意义的适用范围，合理选择方法。

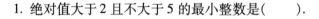

专 项 训 练

一、选择题

1. 绝对值大于 2 且不大于 5 的最小整数是(　　).

A. -2 B. 2 C. 3 D. -5

2. 下列叙述正确的是(　　).

A. 若 $|a|=|b|$，则 $a=b$ B. 若 $|a|>|b|$，则 $a>b$

C. 若 $a<b$，则 $|a|<|b|$ D. 若 $|a|=|b|$，则 $a=\pm b$

3. 不等式 $(|x|-3)\,x\leqslant 0$ 的取值范围是(　　).

A. $(-\infty,\ -3]$ B. $(-\infty,\ -3]\cup[0,\ 3]$

C. $[0,\ 3]$ D. $[-3,\ 3]$

4. 不等式 $|3x-2|>|4-x|$ 的取值范围是(　　).

A. $(-\infty,\ -1)\cup\left(\dfrac{3}{2},\ \infty\right)$ B. $\left(-\infty,\ \dfrac{3}{2}\right)\cup(3,\ \infty)$

C. $\left(-1,\dfrac{3}{2}\right)$ D. $\left(\dfrac{3}{2},3\right)$

5. 已知不等式 $|2x-3|\leqslant2$ 与 $x^2+ax+b\leqslant0$ 的取值范围相同，则 a、b 的值分别是(　　).

A. $a=3$，$b=\dfrac{5}{4}$ B. $a=-3$，$b=\dfrac{5}{4}$

C. $a=-3$，$b=-\dfrac{5}{4}$ D. $a=3$，$b=-\dfrac{5}{4}$

二、填空题

6. 不等式 $|x|\leqslant x$ 的取值范围是_____.

7. 设不等式 $|x-a|<b$ 的取值范围为 $(-1,2)$，则 $a=$ ____，$b=$ ____.

8. 对任意的 $x\in\mathbf{R}$，$|x+3|+|x-2|>a$ 恒成立，则 a 的取值范围是____.

三、解下列关于 x 的不等式

9. $|x-5|-|2x+3|<1$

10. $|x-1|+|x-2|\geqslant x+3$

11. $|2x+3|-1<a$

12. $|x-x^2-3|\geqslant3x$

参考答案

典例剖析及跟踪训练答案

例1：

解：(1) 由题意 $-1 < x - 2 < 1$，解得 $1 < x < 3$，所以原不等式的取值范围为 $(1, 3)$.

(2) 由题意 $2x - 5 > 2$ 或 $2x - 5 < -2$，解得 $x > \dfrac{7}{2}$ 或 $x < \dfrac{3}{2}$，所以原不等式的取值范围为 $\left(-\infty, \dfrac{3}{2} \right) \cup \left(\dfrac{7}{2}, +\infty \right)$.

跟踪训练1：

解：方法一：由 $|2x - 1| < 5$，解得 $-2 < x < 3$；由 $1 \leqslant |2x - 1|$，解得 $x \leqslant 0$ 或 $x \geqslant 1$，

联立得，$-2 < x \leqslant 0$ 或 $1 \leqslant x < 3$，所以原不等式的取值范围为 $(-2, 0] \cup [1, 3)$.

方法二：$1 \leqslant |2x - 1| < 5 \Rightarrow 1 \leqslant 2x - 1 < 5$ 或 $-5 < 2x - 1 \leqslant -1$，解得 $-2 < x < 0$ 或 $1 \leqslant x < 3$，所以原不等式的取值范围为 $(-2, 0] \cup [1, 3)$.

例2：

解：原不等式等价于

$(x - 1)^2 > (2x - 3)^2 \Rightarrow (2x - 3)^2 - (x - 1)^2 < 0 \Rightarrow (2x - 3 + x - 1)(2x - 3 - x + 1) < 0 \Rightarrow (3x - 4)(x - 2) < 0 \Rightarrow \dfrac{4}{3} < x < 2.$

原不等式的取值范围为 $\left(\dfrac{4}{3}, 2 \right)$.

跟踪训练2：

解：原不等式可化为 $(2x - 1)^2 < (x + 2)^2$ 即 $(2x - 1)^2 - (x + 2)^2 < 0$，

解得 $(3x + 1)(x - 3) < 0$，即 $-\dfrac{1}{3} < x < 3$.

原不等式的取值范围为 $\left(-\dfrac{1}{3},\ 3\right)$.

例 3：

解：原不等式等价于 $-10 < x^2 + 3x - 8 < 10$，

即 $\begin{cases} x^2 + 3x - 8 > -10 \\ x^2 + 3x - 8 < 10 \end{cases} \Rightarrow \begin{cases} x > -1 \text{ 或 } x < -2 \\ -6 < x < 3 \end{cases}$.

∴ 原不等式的取值范围为 $(-6,\ -2) \cup (-1,\ 3)$.

跟踪训练 3：

解：原不等式等价于 $-3x \leqslant x^2 - 10 \leqslant 3x$，

即 $\begin{cases} x^2 - 10 \geqslant -3x \\ x^2 - 10 \leqslant 3x \end{cases}$

即 $\begin{cases} x \geqslant 2 \text{ 或 } x \leqslant -5 \\ -2 \leqslant x \leqslant 5 \end{cases}$

∴ 原不等式的取值范围为 $[2,\ 5]$.

例 4：

解：方法 1（公式法）

$|4x - 3| > 2x + 1 \Rightarrow 4x - 3 > 2x + 1$ 或 $4x - 3 < -(2x + 1)$，解得 $x < \dfrac{1}{3}$ 或

$x > 2$，所以原不等式的取值范围为 $\left(-\infty,\ \dfrac{1}{3}\right) \cup (2,\ +\infty)$.

方法 2（零点分段法）

当 $x \leqslant \dfrac{3}{4}$ 时，原不等式变为：$-(4x - 3) > 2x + 1$ 解得 $x < \dfrac{1}{3}$；

当 $x > \dfrac{3}{4}$ 时，原不等式变为：$4x - 3 > 2x + 1$，解得 $x > 2$.

综上所述，原不等式的取值范围为 $\left(-\infty,\ \dfrac{1}{3}\right) \cup (2,\ +\infty)$.

跟踪训练 4：

解：由 $|4x - 3| \leqslant x + 1$ 得 $-x - 1 \leqslant 4x - 3 \leqslant x + 1$，解得 $\dfrac{2}{5} \leqslant x \leqslant \dfrac{4}{3}$，

原不等式的取值范围为 $\left[\dfrac{2}{5},\ \dfrac{4}{3}\right]$.

跟踪训练5：

解：$|x+1|>2-x \Rightarrow x+1>2-x$ 或 $x+1<-(2-x)$，解得 $x>\dfrac{1}{2}$，

所以原不等式的取值范围为 $\left(\dfrac{1}{2},\ +\infty\right)$.

例5：

方法1：利用零点分区间法（推荐）

分析：由 $|x-1|=0$，$|x+2|=0$，得 $x=1$ 和 $x=-2$. -2 和 1 把实数集合分成三个区间，即 $x<-2$，$-2\leqslant x\leqslant 1$，$x>1$，如下图所示：

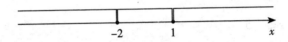

按这三个区间可去绝对值，故可按这三个区间讨论。

解：当 $x<-2$ 时，得 $\begin{cases} x<-2 \\ -(x-1)-(x+2)<5 \end{cases}$，解得 $-3<x<-2$；

当 $-2\leqslant x\leqslant 1$ 时，得 $\begin{cases} -2\leqslant x\leqslant 1 \\ -(x-1)+(x+2)<5 \end{cases}$，解得 $-2\leqslant x\leqslant 1$；

当 $x>1$ 时，得 $\begin{cases} x>1 \\ (x-1)+(x+2)<5 \end{cases}$，解得 $1<x<2$.

综上，原不等式的取值范围为 $(-3,\ 2)$.

方法2：利用绝对值的几何意义

解：$|x+2|+|x-1|<5$ 的几何意义是数轴上的点 x 到 1 和 -2 的距离之和小于 5 的点所对应的取值范围，如下图数轴所示：

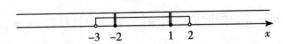

$1-(-2)=3<5$，易知当 $x=-3$ 或 $x=2$ 时，$|x+2|+|x-1|=5$，所以 x 位于 -3 和 2 之间（不含端点），所以 $-3<x<2$，所以原不等式的取值范围为

$(-3,2)$.

跟踪训练6：

解：当 $x < -\dfrac{3}{2}$ 时，得 $\begin{cases} x < -\dfrac{3}{2} \\ -(2x+3)+(x-2) \leqslant 4 \end{cases}$ ，解得 $-9 \leqslant x < -\dfrac{3}{2}$；

当 $-\dfrac{3}{2} \leqslant x \leqslant 2$ 时，得 $\begin{cases} -\dfrac{3}{2} \leqslant x \leqslant 2 \\ 2x+3+(x-2) \leqslant 4 \end{cases}$ ，解得 $-\dfrac{3}{2} \leqslant x \leqslant 1$；

当 $x > 2$ 时，得 $\begin{cases} x > 2 \\ 2x+3-(x-2) \leqslant 4 \end{cases}$ ，无解。

综上，原不等式的取值范围为 $[-9,1]$.

专项训练参考答案

一、选择题

1. 答案：D

解析：由绝对值的几何意义画出数轴即可求解。

2. 答案：D

解析：由绝对值的几何意义。

3. 答案：B

解析：分类讨论求解。

4. 答案：A

解析：平方法解绝对值不等式。

5. 答案：B

解析：先用公式法解绝对值不等式再用一元二次不等式的韦达定理求解。

二、填空题

6. $[0,+\infty)$

解析：公式法或分类讨论皆可。

7. $a = \dfrac{1}{2}$，$b = \dfrac{3}{2}$

解析：绝对值不等式的逆向运用。

8. $(-\infty, 5)$

解析：利用绝对值的几何意义快速得到答案。

三、解下列关于 x 的不等式

9. $(-\infty, -7) \cup \left(\dfrac{1}{3}, +\infty\right)$

解析：不能使用绝对值的几何意义，只能分类讨论，零点分段进行求解。

10. $(-\infty, 0] \cup [6, +\infty)$

解析：不能使用绝对值的几何意义，只能分类讨论，零点分段进行求解。

11. 当 $a \leqslant -1$ 时，无解；当 $a > -1$ 时，取值范围为 $\left(-\dfrac{a}{2} - 2, \dfrac{a}{2} - 1\right)$

解析：含参数的绝对值不等式，需对参数进行分类讨论。

12. $(-\infty, 1] \cup [3, +\infty)$

解析：公式法直接求解即可。

初高中衔接测试卷（A）

一、选择题（本题共 12 小题，每小题 4 分，共 48 分。在每小题的四个选项中，只有一个符合题目要求）

1. 计算 $(2x)^3 \div x$ 的结果正确的是(　　).

A. $8x^2$　　　　　　　　　　　　B. $6x^2$

C. $8x^3$　　　　　　　　　　　　D. $6x^3$

2. 如图所示的几何体的俯视图是(　　).

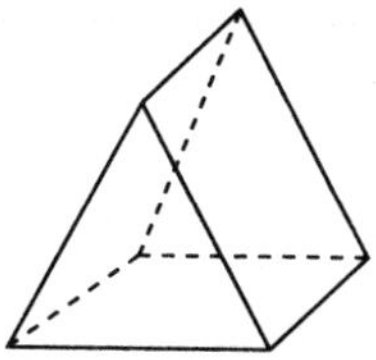

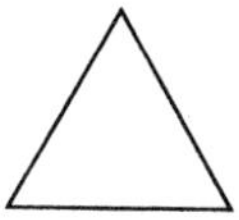

A. 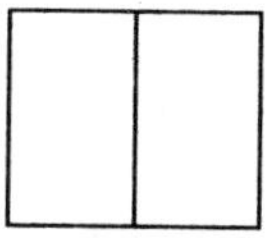　　　　　　B. 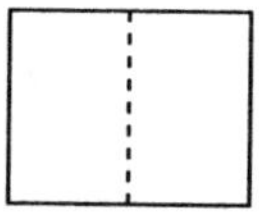　　　　　　C. 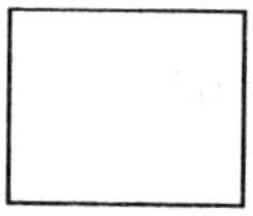　　　　　　D.

3. 由四舍五入法得到的近似数 8.8×10^3，下列说法中正确的是(　　).

A. 精确到十分位，有两个有效数字

B. 精确到个位，有两个有效数字

C. 精确到百位，有两个有效数字

D. 精确到千位，有两个有效数字

4. 下列图形中，中心对称图形有( ).

A. 1 个   B. 2 个

C. 3 个   D. 4 个

5. 某外贸公司要出口一批规格为 150g 的苹果，现有两个厂家提供货源，它们的价格相同，苹果的品质也相近。质检员分别从甲、乙两厂的产品中随机抽取了 50 个苹果称重，并将所得数据处理后，制成如下表格。根据表中信息判断，下列说法错误的是( ).

	个数	平均质量（g）	质量的方差
甲厂	50	150	2.6
乙厂	50	150	3.1

A. 本次的调查方式是抽样调查

B. 甲、乙两厂被抽取苹果的平均质量相同

C. 被抽取的这 100 个苹果的质量是本次调查的样本

D. 甲厂苹果的质量比乙厂苹果的质量波动大

6. 如图，在 Rt△ABC 中，∠C = 90°，∠B = 30°，BC = 4cm，以点 C 为圆心，以 2cm 的长为半径作圆，则⊙C 与 AB 的位置关系是( ).

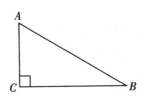

A. 相离   B. 相切

C. 相交   D. 相切或相交

7. 如图，△ABC 的顶点坐标分别为 A (4, 6)，B (5, 2)，C (2, 1)，如果将△ABC 绕点 C 按逆时针方向旋转 90°，得到△A'B'C'，那么点 A 的对应点

A′ 的坐标是(   ).

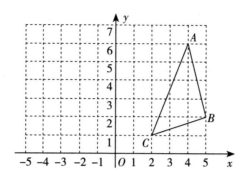

A. （-3，3）   B. （3，-3）

C. （-2，4）   D. （1，4）

8. 函数 $y = ax - a$ 与 $y = \dfrac{a}{x}$ ，（ $a \neq 0$ ）在同一直角坐标系中的图像可能是

（   ）.

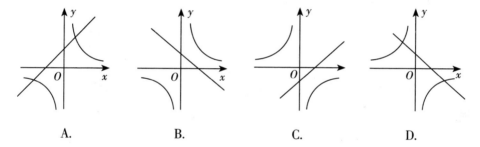

A.   B.   C.   D.

9. 已知两圆的半径分别为 6cm 和 8cm，圆心距为 2cm，那么这两圆的公切线有(   ).

A. 1 条   B. 2 条

C. 3 条   D. 4 条

10. 设 a、b、c、d 都是非零实数，则四个数：$-ab$、ac、bd、cd (   ).

A. 都是正数   B. 都是负数

C. 是两正两负   D. 是一正三负或一负三正

11. 若二次函数 $y = x^2 + bx + 5$ 配方后为 $y = (x - 2)^2 + k$ ，则 b、k 的值分别为(   ).

A. 0，5   B. 0，1

C. -4，5

D. -4，1

12. 如图，△ABC 和△DEF 是两个形状大小完全相同的等腰直角三角形，∠B = ∠DEF = 90°，点 B、C、E、F 在同一直线上。现从点 C、E 重合的位置出发，让△ABC 在直线 EF 上向右做匀速运动，而△DEF 的位置不动。设两个三角形重合部分的面积为 y，运动的距离为 x. 下面表示 y 与 x 的函数关系式的图像大致是（　　）.

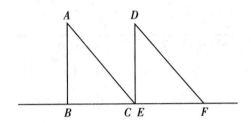

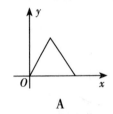

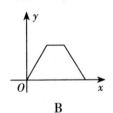

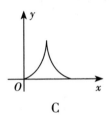

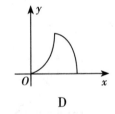

A   B   C   D

二、填空题（本题共 6 小题，每小题 5 分，共 30 分。把答案填写在题中横线上）

13. 不等式组 $\begin{cases} -x+4<2 \\ 3x-4\leq8 \end{cases}$ 的解集是_____.

14. 分解因式 $x_1^3 - 2x_1^2 x_2 - x_1 + 2x_2 =$ _____.

15. 如图，△ABC，BD 平分∠ABC，AD⊥BD 于 D，F 为 AC 中点，AB = 5，BC = 7，则 DF = _____.

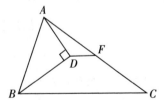

16. 二次函数图像过点 A（2，1），B（4，1）且最大值为 2，则二次函数

的解析式为_____.

17. 把一张矩形纸片（矩形 $ABCD$）按如图方式折叠，使顶点 B 和 D 点重合，折痕为 EF. 若 $AB = 3\text{cm}$，$BC = 5\text{cm}$，则重叠部分 $\triangle DEF$ 的面积是_____ cm^2.

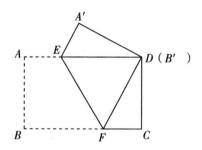

18. 如图，是用棋子摆成的图案，摆第 1 个图案需要 7 枚棋子，摆第 2 个图案需要 19 枚棋子，摆第 3 个图案需要 37 枚棋子，按照这样的方式摆下去，则摆第 6 个图案需要_____枚棋子，摆第 n 个图案需要_____枚棋子。

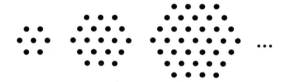

三、解答题（本题共有 7 小题，共 72 分）

19.（本小题满分 8 分）化简：$(x^2 - 4)\left(\dfrac{x+2}{x^2 - 2x} - \dfrac{x-1}{x^2 - 4x + 4}\right) \div \dfrac{x-4}{x}$

20.（本小题满分 8 分）解分式方程：$\dfrac{2x}{x+2} - \dfrac{3}{x-2} = 2$

21. （本小题满分 8 分）小明家所在居民楼的对面有一座大厦 AB，$AB = 80$ 米。为测量这座居民楼与大厦之间的距离，小明从自己家的窗户 C 处测得大厦顶部 A 的仰角为 $37°$，大厦底部 B 的俯角为 $48°$. 求小明家所在居民楼与大厦的距离 CD 的长度。（结果保留整数）

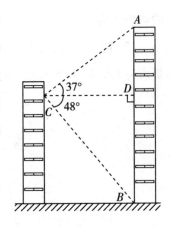

（参考数据：$\sin 37° \approx \dfrac{3}{5}$，$\tan 37° \approx \dfrac{3}{4}$，$\sin 48° \approx \dfrac{7}{10}$，$\tan 48° \approx \dfrac{11}{10}$）

解：

22. （本小题满分 12 分）某市政府大力扶持大学生创业。李明在政府的扶持下投资销售一种进价为每件 20 元的护眼台灯。销售过程中发现，每月销售量 y（件）与销售单价 x（元）之间的关系可近似的看作一次函数：$y = -10x + 500$.

（1）设李明每月获得利润为 ω（元），当销售单价定为多少元时，每月可获得最大利润?

（2）如果李明想要每月获得 2000 元的利润，那么销售单价应定为多少元?

（3）根据物价部门规定，这种护眼台灯的销售单价不得高于 32 元，如果李明想要每月获得的利润不低于 2000 元，那么他每月的成本最少需要多少元?（成本 = 进价 × 销售量）

解：（1）

（2）

（3）

23. （本小题满分 10 分）已知：如图，在正方形 *ABCD* 中，点 *E*、*F* 分别在 *BC* 和 *CD* 上，*AE* = *AF*.

（1）求证：*BE* = *DF*.

（2）连接 *AC* 交 *EF* 于点 *O*，延长 *OC* 至点 *M*，使 *OM* = *OA*，连接 *EM*、*FM*. 判断四边形 *AEMF* 是什么特殊四边形？并证明你的结论.

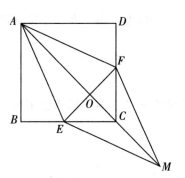

证明：（1）

（2）

24．（本小题满分12分）

问题再现：

现实生活中，镶嵌图案在地面、墙面乃至于服装面料设计中随处可见。在八年级课题学习"平面图形的镶嵌"中，对于单种多边形的镶嵌，主要研究了三角形、四边形、正六边形的镶嵌问题。今天我们把正多边形的镶嵌作为研究问题的切入点，提出其中几个问题，共同来探究。

我们知道，可以单独用正三角形、正方形或正六边形镶嵌平面。如下图中，用正方形镶嵌平面，可以发现在一个顶点 O 周围围绕着 4 个正方形的内角。

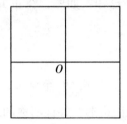

试想：如果用正六边形来镶嵌平面，在一个顶点周围应该围绕着_____个正六边形的内角。

问题提出：

如果我们要同时用两种不同的正多边形镶嵌平面，可能设计出几种不同的组合方案？

问题解决：

猜想1：是否可以同时用正方形、正八边形两种正多边形组合进行平面镶嵌？

分析：我们可以将此问题转化为数学问题来解决。从平面图形的镶嵌中可以发现，解决问题的关键在于分析能同时用于完整镶嵌平面的两种正多边形的内角特点。具体地说，就是在镶嵌平面时，一个顶点周围围绕的各个正多边形的内角恰好拼成一个周角。

验证1：在镶嵌平面时，设围绕某一点有 x 个正方形和 y 个正八边形的内角可以拼成一个周角。根据题意，可得方程：

$90x + \dfrac{(8-2) \times 180}{8} \cdot y = 360$，整理得：$2x + 3y = 8$，

我们可以找到唯——组适合方程的正整数解为 $\begin{cases} x = 1 \\ y = 2 \end{cases}$.

结论 1：镶嵌平面时，在一个顶点周围围绕着 1 个正方形和 2 个正八边形的内角可以拼成一个周角，所以同时用正方形和正八边形两种正多边形组合可以进行平面镶嵌。

猜想 2：是否可以同时用正三角形和正六边形两种正多边形组合进行平面镶嵌？若能，请按照上述方法进行验证，并写出所有可能的方案；若不能，请说明理由。

验证 2：_____

_____

结论 2：_____

_____

上面，我们探究了同时用两种不同的正多边形组合镶嵌平面的部分情况，仅仅得到了一部分组合方案，相信同学们用同样的方法，一定会找到其他可能的组合方案。

问题拓广：

请你仿照上面的研究方式，探索出一个同时用三种不同的正多边形组合进行平面镶嵌的方案，并写出验证过程。

猜想 3：_____

_____

验证 3：_____

_____

结论 3：_____

_____

25.（本小题满分 14 分）如图，已知：C 是以 AB 为直径的半圆 O 上一点，$CH \perp AB$ 于点 H，直线 AC 与过 B 点的切线相交于点 D，E 为 CH 的中点，连接

AE 并延长交 BD 于点 F，直线 CF 交直线 AB 于点 G.

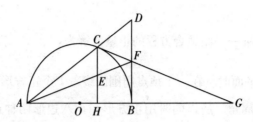

（1）求证：点 F 是 BD 的中点。

（2）求证：CG 是 ⊙O 的切线。

（3）若 $FB = FE = 2$，求 ⊙O 的半径。

参考答案

一、选择题

1	2	3	4	5	6	7	8	9	10	11	12
A	B	C	C	D	B	A	D	A	D	D	C

二、填空题

13. $2 < x \leqslant 4$

14. $(x_1 - 2x_2)(x_1 + 1)(x_1 - 1)$

15. 1

16. $y = -x^2 + 6x - 7$

17. 5.1

18. 127　$3n^2 + 3n + 1$

三、解答题

19. $\dfrac{x+2}{x-2}$

20. $x = \dfrac{2}{7}$

21. 解：设 $CD = x$. 在 $Rt\triangle ACD$ 中，$\tan 37° = \dfrac{AD}{CD}$，则 $\dfrac{3}{4} = \dfrac{AD}{x}$，$\therefore AD = \dfrac{3}{4}x$.

在 $Rt\triangle BCD$ 中，$\tan 48° = \dfrac{BD}{CD}$，则 $\dfrac{11}{10} = \dfrac{BD}{x}$，$BD = \dfrac{11}{10}x$.

$\because AD + BD = AB$，

$\therefore \dfrac{3}{4}x + \dfrac{11}{10}x = 80$.

解得：$x \approx 43$（米）.

答：小明家所在居民楼与大厦的距离 CD 大约是 43 米。

22. 解：（1）由题意得：

$\omega = (x - 20) \cdot y = (x - 20)(-10x + 500) = -10x^2 + 700x - 10000$，

$\because a = -10 < 0$，$-\dfrac{b}{2a} = 35$，

$\therefore$ 当销售单价定为 35 元时，每月可获得最大利润。

答：当销售单价定为 35 元时，每月可获得最大利润。

（2）由题意，得：$-10x^2 + 700x - 10000 = 2000$，

解这个方程得：$x_1 = 30$，$x_2 = 40$.

答：李明想要每月获得 2000 元的利润，销售单价应定为 30 元或 40 元。

（3）$\because a = -10 < 0$，

$\therefore$ 抛物线开口向下。

$\therefore$ 当 $30 \leqslant x \leqslant 40$ 时，$\omega \geqslant 2000$.

$\because x \leqslant 32$，

$\therefore$ 当 $30 \leqslant x \leqslant 32$ 时，$\omega \geqslant 2000$.

设成本为 P（元），由题意，得：

$P = 20(-10x + 500) = -200x + 10000$，

$\because k = -200 < 0$，

$\therefore P$ 随 x 的增大而减小，

∴ 当 $x=32$ 时，$P_{min}=3600$.

答：想要每月获得的利润不低于 2000 元，每月的成本最少为 3600 元。

23. 证明：（1）∵ 四边形 $ABCD$ 是正方形，

∴ $AB=AD$，$\angle B=\angle D=90°$，

∵ $AE=AF$，

∴ Rt$\triangle ABE \cong$ Rt$\triangle ADF$；

∴ $BE=DF$.

（2）四边形 $AEMF$ 是菱形。

∵ 四边形 $ABCD$ 是正方形，

∴ $\angle BCA=\angle DCA=45°$，$BC=DC$.

∵ $BE=DF$，

∴ $BC-BE=DC-DF$，

即 $CE=CF$，

易得 $\triangle COE \cong \triangle COF$，

∴ $OE=OF$.

∵ $OM=OA$，

∴ 四边形 $AEMF$ 是平行四边形。

∵ $AE=AF$，

∴ 平行四边形 $AEMF$ 是菱形。

24. 解：3.

验证 2：在镶嵌平面时，设围绕某一点有 a 个正三角形和 b 个正六边形的内角可以拼成一个周角。根据题意，可得方程：$60a+120b=360$. 整理得：$a+2b$ $=6$，可以找到两组适合方程的正整数解为 $\begin{cases} a=2 \\ b=2 \end{cases}$ 和 $\begin{cases} a=4 \\ b=1 \end{cases}$.

结论 2：镶嵌平面时，在一个顶点周围围绕着 2 个正三角形和 2 个正六边形的内角或者围绕着 4 个正三角形和 1 个正六边形的内角可以拼成一个周角，所以同时用正三角形和正六边形两种正多边形组合可以进行平面镶嵌。

猜想3：是否可以同时用正三角形、正方形和正六边形三种正多边形组合进行平面镶嵌？

验证3：在镶嵌平面时，设围绕某一点有 m 个正三角形、n 个正方形和 c 个正六边形的内角可以拼成一个周角。根据题意，可得方程：$60m + 90n + 120c = 360$，整理得：$2m + 3n + 4c = 12$，可以找到唯一一组适合方程的正整数解为

$$\begin{cases} m = 1 \\ n = 2 \\ c = 1 \end{cases}.$$

结论3：镶嵌平面时，在一个顶点周围围绕着1个正三角形、2个正方形和1个正六边形的内角可以拼成一个周角，所以同时用正三角形、正方形和正六边形三种正多边形组合可以进行平面镶嵌。（说明：本题答案不唯一，符合要求即可。）

25.（1）证明：

∵ $CH \perp AB$，$DB \perp AB$

∴ $\triangle AEH \backsim \triangle AFB$，$\triangle ACE \backsim \triangle ADF$

∴ $\dfrac{EH}{BF} = \dfrac{AE}{AF} = \dfrac{CE}{FD}$，

∵ $HE = EC$，

∴ $BF = FD$，即点 F 是 BD 的中点。

（2）方法一：连结 CB、OC.

∵ AB 是直径，

∴ $\angle ACB = 90°$，

∵ F 是 BD 中点，

∴ $\angle BCF = \angle CBF = 90° - \angle CBA = \angle CAB = \angle ACO$，

∴ $\angle OCF = \angle OCB + \angle BCF = \angle OBC + \angle ACO = 90°$，

∴ CG 是 ⊙O 的切线。

方法二：可证明 $\triangle OCF \cong \triangle OBF$.

（3）解：由 $FC = FB = FE$ 得：$\angle FCE = \angle FEC$，又由已知可得 $CH /\!/ DB$，

所以 $\angle AFB = \angle BFG$，从而可证得：$FA = FG$，且 $AB = BG.$

由切割线定理得：$(2 + FG)^2 = BG \cdot AG = 2BG^2$，①

在 $\mathrm{Rt}\triangle BGF$ 中，由勾股定理得：$BG^2 = FG^2 - BF^2$，②

由①、②得：$FG^2 - 4FG - 12 = 0$，解之得：$FG = 6$ 或 $FG = -2$（舍去），

$\therefore AB = BG = 4\sqrt{2}$，

$\therefore \odot O$ 半径为 $2\sqrt{2}.$

初高中衔接测试卷（B）

一、选择题（本大题共 12 小题，每小题 4 分，共 48 分。在每小题的四个选项中，只有一个符合题目要求）

1. $-\dfrac{3}{2}$ 的负倒数是(　　).

  A. $\dfrac{3}{2}$ B. $\dfrac{2}{3}$ C. $-\dfrac{2}{3}$ D. $-\dfrac{3}{2}$

2. 计算 $-2^2 + (-2)^2 - \left(-\dfrac{1}{2}\right)^{-1} = ($　　$)$.

  A. -2 B. 2 C. -6 D. 6

3. 不论 a、b 为何实数，$a^2 + b^2 - 2a - 4b + 8$ 的值(　　).

  A. 总是正数   B. 总是负数

  C. 可以是零   D. 可以是正数也可以是负数

4. 实数 a 在数轴上的位置如下图所示，则 $\sqrt{(4-a)^2} + \sqrt{(a-11)^2}$ 化简后为(　　).

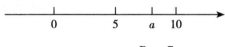

  A. 7 B. -7

  C. $2a - 15$ D. 无法确定

5. 某种商品的进价为 800 元，出售时标价为 1200 元，后来由于该商品积压，商店准备打折销售，但要保证利润率不低于 5%，则至多可打(　　).

  A. 6 折   B. 7 折   C. 8 折   D. 9 折

6. 若函数 $y = \dfrac{m+2}{x}$ 的图像在其象限内 y 的值随 x 值的增大而增大，则 m 的取值范围是(　　).

　　A. $m > -2$ 　　　　　　　　　B. $m < -2$

　　C. $m > 2$ 　　　　　　　　　D. $m < 2$

7. 设一元二次方程 $(x-1)(x-2) = m(m < 0)$ 的两根分别为 α、β，且 $\alpha < \beta$，则 α、β 满足(　　).

　　A. $1 < \alpha < \beta < 2$ 　　　　　　　B. $1 < \alpha < 2 < \beta$

　　C. $\alpha < 1 < \beta < 2$ 　　　　　　　D. $\alpha < 1$ 且 $\beta > 2$

8. 等式 $\sqrt{\dfrac{x}{x-2}} = \dfrac{\sqrt{x}}{\sqrt{x-2}}$ 成立的条件是(　　).

　　A. $x \neq 2$ 　　　　B. $x > 0$ 　　　　C. $x > 2$ 　　　　D. $0 < x < 2$

9. 如图为抛物线 $y = ax^2 + bx + c$ 的图像，A、B、C 为抛物线与坐标轴的交点，且 $OA = OC = 1$，则下列关系正确的是(　　).

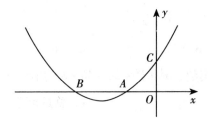

　　A. $a + b = -1$ 　　　　　　　B. $a - b = -1$

　　C. $b < 2a$ 　　　　　　　　　D. $ac < 0$

10. 已知函数 $y = \begin{cases} (x-1)^2 - 1 & (x \leqslant 3) \\ (x-5)^2 - 1 & (x > 3) \end{cases}$，则使 $y = k$ 成立的 x 值恰好有三个，则 k 的值为(　　).

　　A. 0 　　　　　　B. 1 　　　　　　C. 2 　　　　　　D. 3

11. 若 x_1、x_2 是方程 $2x^2 - 4x + 1 = 0$ 的两个根，则 $\dfrac{x_1}{x_2} + \dfrac{x_2}{x_1}$ 的值为(　　).

　　A. 6 　　　　　　B. 4 　　　　　　C. 3 　　　　　　D. $\dfrac{3}{2}$

12. 已知梯形 $ABCD$ 的四个顶点的坐标分别为 $A(-1, 0)$，$B(5, 0)$，C

$(2,2)$，$D(0,2)$，直线 $y=kx+2$ 将梯形分成面积相等的两部分，则 k 的值为(　　).

A. $-\dfrac{4}{7}$　　　　B. $-\dfrac{2}{9}$　　　　C. $-\dfrac{2}{3}$　　　　D. $-\dfrac{2}{7}$

二、填空题（本题共 6 小题，每小题 4 分，共 24 分。把答案填写在题中横线上）

13. 分解因式：$2x^2+3x-2=$ _____.

14. 要使式子 $\dfrac{\sqrt{a+3}}{a}$ 有意义，则 a 的取值范围为 _____.

15. 已知 $10^a=3$，$10^b=2$，则 $10^{2a-3b}=$ _____.

16. 在一次信息技术考试中，某兴趣小组 8 名同学的成绩（单位：分）分别是：7，10，9，8，7，9，9，8，则这组数据的中位数是 _____.

17. 如图是正方体的展开图，则原正方体相对两个面上的数字之和的最小值的是 _____.

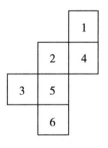

18. 凸 n 边形的对角线的条数记作 a_n（$n\geqslant4$），例如：$a_4=2$，那么：

①$a_5=$ _____；②$a_6-a_5=$ _____；③$a_{n+1}-a_n=$ _____.（$n\geqslant4$，用 n 含的代数式表示）

三、解答题（本题共有 8 个小题，共 78 分）

（解答应写出文字说明，证明过程或推演步骤，如果觉得有的题目有点困难，那么把自己能写出的解答尽量写出来。）

19. （本题满分 6 分）计算：$|-3|+(2011-\pi)^0-\left(\dfrac{1}{3}\right)^{-1}-\sqrt{3}\cos30°$.

20.（本题满分 8 分）分解因式：

（1）$x^3 + 9 + 3x^2 + 3x$

（2）$2x^2 + xy - y^2 - 4x + 5y - 6$

21.（本题满分 8 分）解方程：$\left| x^2 - y^2 - 4 \right| + \left(3\sqrt{5}x - 5y - 10 \right)^2 = 0$.

22.（本题满分 8 分）解关于 x 的一元二次不等式 $x^2 + ax + 1 > 0$（a 为实数）。

23.（本题满分 10 分）今年，号称"千湖之省"的湖北正遭受大旱，为提高学生环保意识，节约用水，某校数学教师编制了一道应用题：为了保护水资源，某市制定一套节水的管理措施，其中对居民生活用水收费作如下规定：

月用水量（吨）	单价（元/吨）
不大于 10 吨部分	1.5
大于 10 吨不大于 m 吨部分（$20 \leqslant m \leqslant 50$）	2
大于 m 吨部分	3

（1）若某用户六月份用水量为 18 吨，求其应缴纳的水费。

（2）记该用户六月份用水量为 x 吨，缴纳水费为 y 元，试列出 y 与 x 的函数式。

（3）若该用户六月份用水量为 40 吨，缴纳水费 y 元的取值范围为 $70 \leqslant y \leqslant 90$，试求 m 的取值范围。

24.（本题满分 12 分）有 3 张扑克牌，分别是红桃 3、黑桃 4 和黑桃 5. 把牌洗匀后甲先抽取一张，记下花色和数字后将牌放回，洗匀后乙再抽取一张。

（1）先后两次抽得的数字分别记为 s 和 t，则 $|s-t| \leqslant 1$ 的概率。

（2）甲、乙两人做游戏，现有两种方案。A 方案：若两次抽得相同花色则甲胜，否则乙胜。B 方案：若两次抽得数字和为奇数则甲胜，否则乙胜。请问甲选择哪种方案胜率更高？

25.（本题满分 12 分）证明：对任意大于 1 的正整数 n，有 $\dfrac{1}{1 \times 3} + \dfrac{1}{3 \times 5}$

$+ \cdots + \dfrac{1}{(2n-1)(2n+1)} < \dfrac{1}{2}$.

26.（本题满分 14 分）如下图所示，在平面直角坐标系 xOy 中，已知抛物线经过点 A（0，4）、B（1，0）、C（5，0），抛物线对称轴 l 与 x 轴相交于点 M.

（1）求抛物线的解析式和对称轴。

（2）设点 P 为抛物线（$x > 5$）上的一点，若以 A、O、M、P 为顶点的四边形四条边的长度为四个连续的正整数，请你直接写出点 P 的坐标。

（3）连接 AC. 探索：在直线 AC 下方的抛物线上是否存在一点 N，使 $\triangle NAC$ 的面积最大？若存在，请你求出点 N 的坐标；若不存在，请你说明理由。

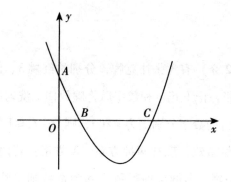

参考答案

一、选择题

1	2	3	4	5	6	7	8	9	10	11	12
B	B	A	A	B	B	A	C	B	D	A	C

二、填空题

13. $(2x - 1)(x + 2)$

14. $a \geq -3$ 且 $a \neq 0$

15. $\dfrac{9}{8}$

16. 8.5

17. 6

18. ① 5；② 4；③ $n-1$

三．解答题

19. $-\dfrac{1}{2}$

20. 解：（1）$x^3 + 9 + 3x^2 + 3x = (x^3 + 3x^2) + (3x + 9)$

$$= x^2(x+3) + 3(x+3)$$

$$= (x+3)(x^2+3).$$

（2）$2x^2 + xy - y^2 - 4x + 5y - 6 = 2x^2 + (y-4)x - y^2 + 5y - 6$

$$= 2x^2 + (y-4)x - (y-2)(y-3)$$

$$= (2x - y + 2)(x + y - 3).$$

21. 解：由题意得：$\begin{cases} x^2 - y^2 - 4 = 0 \quad (1) \\ 3\sqrt{5}x - 5y - 10 = 0 \quad (2) \end{cases}$

由方程（2）得：$y = \dfrac{3\sqrt{5}}{5}x - 2$ 代入（1）式得 $x^2 - 3\sqrt{5}x + 10 = 0$，

解得，$x = \sqrt{5}$ 或 $x = 2\sqrt{5}$.

代入得 $\begin{cases} x = \sqrt{5} \\ y = 1 \end{cases}$ 或 $\begin{cases} x = 2\sqrt{5} \\ y = 4 \end{cases}$.

22. 解：$\Delta = a^2 - 4$，

① 当 $\Delta > 0$，即 $a < -2$ 或 $a > 2$ 时，方程 $x^2 + ax + 1 = 0$ 的解是

$$x_1 = \frac{-a - \sqrt{a^2-4}}{2}, \quad x_2 = \frac{-a + \sqrt{a^2-4}}{2}$$

所以，原不等式的解集为 $x < \dfrac{-a - \sqrt{a^2-4}}{2}$，或 $x > \dfrac{-a + \sqrt{a^2-4}}{2}$；

② 当 $\Delta = 0$，即 $a = \pm 2$ 时，原不等式的解为

$$x \neq -\frac{a}{2};$$

③ 当 $\Delta < 0$，即 $-2 < a < 2$ 时，原不等式的解为一切实数。

综上，当 $a \leqslant -2$，或 $a \geqslant 2$ 时，原不等式的解是

$x < \dfrac{-a - \sqrt{a^2 - 4}}{4}$ 或 $x > \dfrac{-a + \sqrt{a^2 - 4}}{2}$；

当 $-2 < a < 2$ 时，原不等式的解为一切实数。

23. 解：（1）六月份应缴纳的水费为：$1.5 \times 10 + 2 \times 8 = 31$（元）。

（2）当 $0 \leqslant x \leqslant 10$ 时，$y = 1.5x$；

当 $10 < x \leqslant m$ 时，$y = 15 + 2(x - 10) = 2x - 5$；

当 $x > m$ 时，$y = 15 + 2(m - 10) + 3(x - m) = 3x - m - 5$.

$$\therefore y = \begin{cases} 1.5x & (0 \leqslant x \leqslant 10) \\ 2x - 5 & (10 < x \leqslant m) . \\ 3x - m - 5 & (x > m) \end{cases}$$

（3）当 $40 \leqslant m \leqslant 50$ 时，$y = 2 \times 40 - 5 = 75$（元），满足条件，

当 $20 \leqslant m < 40$ 时，$y = 3 \times 40 - m - 5 = 115 - m$，则 $70 < 115 - m < 90$，

$\therefore 25 < m < 40$，综上得，$25 < m \leqslant 50$.

24. 解：（1）如下表

乙（t） ＼ 甲（s）	红桃 3	黑桃 4	黑桃 5
红桃 3	$|3-3|=0$	$|4-3|=1$	$|5-3|=2$
黑桃 4	$|3-4|=1$	$|4-4|=0$	$|5-4|=1$
黑桃 5	$|3-5|=2$	$|4-5|=1$	$|5-5|=0$

由上表可知：$|s - t| \leqslant 1$ 的情况有 7 种，$|s - t| \leqslant 1$ 的概率为 $\dfrac{7}{9}$.

（2）方案 A：如下表

乙（花色） ＼ 甲（花色）	红桃 3	黑桃 4	黑桃 5
红桃 3	同色	不同色	不同色
黑桃 4	不同色	同色	同色
黑桃 5	不同色	同色	同色

由上表可得，共 9 种情况，其中有 5 种"同色"的情况，则 $P_{甲胜} = \dfrac{5}{9}$.

方案 B：如下表

乙 ＼ 甲	红桃 3	黑桃 4	黑桃 5
红桃 3	$3+3=6$	$3+4=7$	$3+5=8$
黑桃 4	$4+3=7$	$4+4=8$	$4+5=9$
黑桃 5	$5+3=8$	$5+4=9$	$5+5=10$

由上表可得，共 9 种情况，其中有 4 种"和为奇数"的情况，则 $P_{甲胜} = \dfrac{4}{9}$.

因为 $\dfrac{5}{9} > \dfrac{4}{9}$，所以选择 A 方案甲的胜率更高。

25. 证明：$\because \dfrac{1}{1 \times 3} + \dfrac{1}{3 \times 5} + \cdots + \dfrac{1}{(2n-1)(2n+1)}$

$= \dfrac{1}{2}\left[\left(1 - \dfrac{1}{3}\right) + \left(\dfrac{1}{3} - \dfrac{1}{5}\right) + \cdots + \left(\dfrac{1}{2n-1} - \dfrac{1}{2n+1}\right)\right]$

$= \dfrac{1}{2} - \dfrac{1}{4n+2}$，

又 $n \geq 2$，且 n 是正整数，

$\therefore \dfrac{1}{4n+2}$ 一定为正数，

$\therefore \dfrac{1}{2} - \dfrac{1}{4n+2} < \dfrac{1}{2}$，

$\therefore \dfrac{1}{1 \times 3} + \dfrac{1}{3 \times 5} + \cdots + \dfrac{1}{(2n-1)(2n+1)} < \dfrac{1}{2}$.

26. 解：（1）$y = \dfrac{4}{5}(x-3)^2 - \dfrac{16}{5}$，

$\therefore$ 抛物线的对称轴是 $x = 3$.

（2）由已知，可求得 $P(6, 4)$.

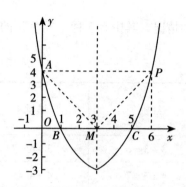

提示：由题意可知以 A、O、M、P 为顶点的四边形有两条边 $AO = 4$、$OM = 3$，又知点 P 的坐标中 $x > 5$，所以，$MP > 2$，$AP > 2$；因此以 1、2、3、4 为边或以 2、3、4、5 为边都不符合题意，所以四条边的长只能是 3、4、5、6 的一种情况，在 $Rt\triangle AOM$ 中，$AM = \sqrt{OA^2 + OM^2} = \sqrt{4^2 + 3^2} = 5$，因为抛物线对称轴过点 M，所以在抛物线的图像上有关于点 A 的对称点与 M 的距离为 5，即 $PM = 5$，此时点 P 横坐标为 6，即 $AP = 6$；故以 A、O、M、P 为顶点的四边形的四条边长度分别是四个连续的正整数 3、4、5、6 成立，即 P（6，4）.

（3）假设在直线 AC 的下方的抛物线上存在点 N，使 $\triangle NAC$ 面积最大。设 N 点的横坐标为 t，此时点 $N\left(t,\ \frac{4}{5}t^2 - \frac{24}{5}t + 4\right)$（$0 < t < 5$），过点 N 作 $NG \parallel y$ 轴交 AC 于 G，交 x 轴于 E；由点 A（0，4）和点 C（5，0）可求出直线 AC 的解析式为 $y = -\frac{4}{5}x + 4$；把 $x = t$ 代入得：$y = -\frac{4}{5}t + 4$，则 $G\left(t,\ -\frac{4}{5}t + 4\right)$，此时 $NG = $

$$-\frac{4}{5}t + 4 - \left(\frac{4}{5}t^2 - \frac{24}{5}t + 4\right) = -\frac{4}{5}t^2 + \frac{20}{5}t.$$

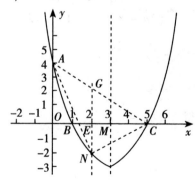

$$\therefore S_{\triangle ACN} = S_{\triangle ANG} + S_{\triangle CGN}$$

$$= \frac{1}{2}NG \times OE + \frac{1}{2}NG \times EC$$

$$= \frac{1}{2}NG \cdot OC$$

$$= \frac{1}{2}\left(-\frac{4}{5}t^2 + \frac{20}{5}t\right) \times 5$$

$$= -2t^2 + 10t$$

$$= -2\left(t - \frac{5}{2}\right)^2 + \frac{25}{2},$$

$\therefore$ 当 $t = \dfrac{5}{2}$ 时，$\triangle CAN$ 面积的最大值为 $\dfrac{25}{2}$，

由 $t = \dfrac{5}{2}$，得：

$$y = \frac{4}{5}t^2 - \frac{24}{5}t + 4 = -3,$$

$$\therefore N\left(\frac{5}{2}, -3\right).$$